《大学》释义

基于朱熹和王阳明的研究

胡叔宝 著

新华出版社

图书在版编目（CIP）数据

《大学》释义：基于朱熹和王阳明的研究 / 胡叔宝著.
－－ 北京：新华出版社，2022.8
ISBN 978-7-5166-6369-1

Ⅰ.①大⋯　Ⅱ.①胡⋯　Ⅲ.①儒家②《大学》-研究
Ⅳ.①B222.15

中国版本图书馆CIP数据核字（2022）第141759号

《大学》释义

作　　者：胡叔宝

出 版 人：匡乐成	出版统筹：许　新
责任编辑：李　成	封面设计：华兴嘉誉

出版发行：新华出版社	
地　　址：北京石景山区京原路8号	邮　　编：100040
网　　址：http://www.xinhuapub.com	
经　　销：新华书店、新华出版社天猫旗舰店、京东旗舰店及各大网店	
购书热线：010－63077122	中国新闻书店购书热线：010－63072012

照　　排：六合方圆	
印　　刷：天津文林印务有限公司	

成品尺寸：170mm×240mm	
印　　张：11.5	字　　数：155千字
版　　次：2022年8月第一版	印　　次：2022年8月第一次印刷

书　　号：ISBN 978-7-5166-6369-1
定　　价：32.00元

版权专有，侵权必究。如有质量问题，请与出版社联系调换：010-63077124

目 录
CONTENTS

导　读 ··· 1

凡　例 ··· 21

第一章　大学之道 ·· 23

第二章　古之欲明明德 ·· 51

第三章　《康诰》曰克明德 ··· 99

第四章　汤之《盘铭》曰苟日新 ·································· 103

第五章　《诗》云邦畿千里 ··· 107

第六章　子曰听讼吾犹人 ·· 113

第七章　所谓诚其意 ·· 117

第八章　所谓修身 ··· 123

第九章　所谓齐其家 ·· 127

第十章　所谓治国 ··· 131

第十一章　所谓平天下··· 139

参考文献··· 154

附录一　古文大学·· 157

附录二　大学章句集注··· 161

附录三　大学问·· 172

导　读

自宋明以来，儒家思想主要呈现为程朱理学和陆王心学两种形态。其中，程朱理学的集大成者是朱熹（1130–1200），陆王心学的集大成者是王阳明（1472—1529）。他们二人的思想差异集中体现在对《大学》的解读上。因此，不理解《大学》就无法理解以朱熹和王阳明为代表的新古典儒学（本书将宋明儒学称为新古典儒学，将孔子、孟子等人的思想称为古典儒学），无法理解儒家思想，无法理解中国文化。为了将朱熹和王阳明对《大学》的散见解读加以系统化，并从中西思想比较的角度进行分析，笔者在正式解读《大学》一书之前，先写作本书的导读。

一、《大学》是构建新古典儒家思想的大纲

《大学》原本是《礼记》中的一篇文章。早在唐朝，韩愈、李翱就认为《大学》的地位与《孟子》《易经》一样重要。北宋时期，程颢、程颐开始将《大学》与《论语》《孟子》《中庸》作为学习儒家思想的重要经典。到了南宋，朱熹将《大学》《中庸》《论语》《孟子》合称为《四书》，并在前人的基础上给《四书》加以注解，撰写了《四书章句集注》一书，并在其一生的讲学中加以阐发。

在朱熹看来，《大学》是《四书》乃至整个儒家的思想纲领。朱熹本人的思想体系就建立在他对《大学》的解读之上。由于朱熹的《四书章句集注》自

元代开始成为君主专制时代科举考试官方指定的标准教材，朱熹所理解的《大学》思想就伴随科举制度逐渐进入了普通人的生活，不断影响着中国人的思维，成为中国文化的重要组成部分。

王阳明生于明朝中期，从小受到朱熹思想的熏陶，二十八岁考中进士，对朱熹式的《大学》解读以及朱熹的思想体系非常熟悉。同时，王阳明十分认同陆九渊的"吾心便是宇宙，宇宙即是吾心"思想。于是，王阳明在朱熹和陆九渊思想的基础上逐渐形成了自己的思想体系。但在当时朱熹思想一统天下的情况下，王阳明要想完善自己的思想体系，并有效传播自己的思想，首先要对朱熹所认为的儒家思想纲领《大学》进行自己的解读，从朱熹思想的内部解构朱熹思想，然后在此基础上建立自己的思想体系。

朱熹思想和王阳明思想是儒家思想自宋明以来呈现的两种基本形态。他们二人都将《大学》作为建构自己思想的出发点和重要思想资源。所以说，《大学》一书是构建以朱熹、王阳明为代表的宋明儒学思想最重要的典籍，在儒家思想中占有不可替代的地位。

二、朱熹对《大学》的解读

朱熹认为，任何事物都有其所以然，这个所以然就是形成事物的理。理源自上天，所以称为天理，其性质是善的。万物作为整体之物，有其同一的所以然之天理。这个同一之理体现在不同人或不同的物中就会形成仁、义、礼、智、信等不同的性质（也可以说仁、义、礼、智四种性质，这时信就体现在仁、义、礼、智之中）。这些性质都不可言说，因而人的仁、义、礼、智之性只能通过恻隐之心、羞恶之心、辞让之心、是非之心呈现出来，物的性质则要通过人的体验来展现。由于天理是善的，物之天性和人之天性也都是善的。人之天性之善就是孟子所说的人性善。

物的形成除天理之外，还必须有天理"挂搭"处。这个"挂搭"处就是气。气是一种日常无法看见却能自己运行的东西。气凝聚则为质，质构成物。气、质、物可以分为阴与阳，阴阳又可以分为金、木、水、火、土等五行，分别与义、仁、智、礼、信相对应。

理"挂搭"到气上就形成了气质之性。如果所"挂搭"之气是精英之气，理就会畅通；如果所"挂搭"之气是非精英之气，就会禁锢理。万物之气"偏且塞"，属于非精英之气。人之气"正且通"，其中，形成圣贤之气是清气，属于精英之气；形成普通人之气是浊气，属于非精英之气。因此，普通人的浊气与物之气一样，都会禁锢理。理被禁锢了，就会遮蔽善之性。人的善性被遮蔽了，就会形成恶。

为了让人的浊气变为清气，以恢复人天生的善之本性，需要通过气清者对普通人进行教育和管理。这个恢复本性的过程就是《大学》中所谓的明明德。明明德后，才能新民。明明德、新民达到极致，就能止于至善，实现《大学》的目的。明明德以恢复本性的手段是格物、致知。朱熹所谓的格物是指接触一切事物以穷尽天理之理（朱熹的格物包括穷理），格是至、尽的意思，物包括天下所有的事物。致知就是从已有的知出发，将自己的知运用到万物，从而获得更多知的过程。致是"推极"（推求穷究）的意思。通过不断地格物、致知，我们就能格尽天下之物、穷尽天下之理，从而达到物格、知至。达到物格、知至了，就能去掉浊气对理的禁锢，实现明明德的目的，恢复人的本性。

朱熹引用《孟子》的一个故事对此加以说明。一头老牛将被杀祭祀，因而非常恐惧。当这头老牛经过齐宣王面前时，齐宣王一见老牛那恐惧的样子就生出了恻隐之心。于是，他命人放过了老牛，用一头羊替代。在这个故事中，齐宣王看到恐惧的老牛而生起的恻隐之心，是他生而具有的仁之性的表现。这种仁之性在此之前一直就存在，只不过由于气质禀赋的原因，呈现齐宣王仁之性的恻隐之心被禁锢了。齐宣王看到这头老牛就是格物，恻隐之心就是致知之知的表现。只可惜，齐宣王没有将对这头牛所产生的恻隐之心发扬光大，"推极"齐家、治国、平天下。如果齐宣王将这种恻隐之心"推而事父孝，事君忠，推而齐家、治国、平天下"（《朱子语类》卷十四），他就达到物格、知至了。达到了物格、知至，就可能做到真正的意诚、心正、身修，即所谓"事理通达，而心气和平。"（《论语集注·季氏第十六》）身修就能齐家、治国、平天下，即新民。明明德、新民达到极致，就是止于至善。明明德、新民、止于至善是《大学》的最终目标。朱熹称之为三纲，而将格物、致知、诚意、正心、齐家、治国、平天下称为八目。纲本义指渔网上的总绳，借指事物的关键。目本义指渔网上的网眼，指事物的次关键部分。

在八目中，齐家、治国、平天下的基础是修身，修身又取决于正心，正心的关键是诚意，诚意的前提是致知、格物。其中的修身、正心、诚意属于自我的因素，知与物从常识看则是与自我相对的非自我因素。自我因素与非自我因素是不同的，甚至是对立的。因此，如何理解格物、致知的含义，如何解释格物、致知与诚意的关系是解读八目的关键，也是解读三纲乃至《大学》的关键。

对于格物、致知二者与诚意的关系，朱熹认为，如果一个人格物、致知而没有达到物格、知至，那么这个人就没有办法做到真正的诚意；即使达到了物格、知至，也不一定能做到诚意。只有当他既达到了格物、知至，又有诚挚的愿意，才能做到真正的诚意。达到诚意之后，就过了善恶关，成为儒家的君子、圣贤。因此，格物、致知是诚意的源头功夫。朱熹这种关于知行关系的思想属于知先行后说，知至之知是知，诚意是行，在没有达到知至之前，无法做到真正的诚意。

朱熹的知先行后说有几点值得商榷。一、在我们感觉到而没有注意到的无物世界中（无物世界的含义参见后文），无知之知（有知而没有注意到）与无意之意（有意而没有注意到）是合一的，因而不是知先行后，而是知行合一。当然，朱熹可以说，格物、知至涉及的不是无物世界，而是日常的有物世界。但问题是，我们每个人就生活在无物世界之中，日常的有物世界源于无物世界（参见后文）。不涉及无物世界，就不能以偏概全地说：知先行后。二、在日常世界中，我们行为之前一般有一定的知识（胡乱作为除外），即朱熹的致知之知。我们行为时所处理的事务就是朱熹的格物之物。在处理事务的过程中会增加更多的知识。这个过程与朱熹格物、致知所说的一致。但是，天下之物是无穷的，天下之理也是无尽的，我们能否做到朱熹所说的格尽天下之物、穷尽天下之理呢？当然，朱熹也可以说，他所谓的天下之理是仁、义、礼、智、信。但是，按照儒家的理论，只有圣人才能真正达到仁的境界，其他人就无法格尽天下之物、穷尽天下之理。此外，就算有人穷尽了天下之理，又由谁来进行判断呢？要知道，儒家公认的圣人只有孔子。三、朱熹既然认为没有达到物格、知至之前没有办法真正做到诚意,那么我们没有格尽天下之物、穷尽天下之理的普通人是否需要诚意呢?当朱熹的学生请教这个问题,朱熹回答说,"固然。岂可说物未能格,意便不用诚!自始至终,意常要诚。岂可说物未能格,意便不用诚!"(朱熹《朱子语类》卷十五)这就是说,在没有达到物格、知至前,也应当诚意,只是做不到真正的诚意。但除了圣贤之外,普通人一辈子都无法达到物格、知至,那又如何达到真正的诚意呢?难怪王阳明说,朱熹的格物、知至,是以圣贤的标准来要求普通人。

没有达到彻底的格物、知至就不能做到真正的诚意,即使达到了彻底的物格、知至,也未必能做到真正的诚意。无法做到真正的诚意,就无法真正做到正心、修身,也不能真正齐家、治国、平天下,那么格物、致知还有什么意义呢?所以,明清学者认为,只靠知来调顺情意的做法事倍功半,甚至劳而无功。

对于格物、致知、诚意之外的几个环节,朱熹认为,意是心之发动,心是身的主宰,只要意诚了,就能做到心正。心正了就能身修,修身了就可以新民,即齐家、治国、平天下。

以上朱熹对《大学》的解读,我们套用苏格拉底"知识即美德"(《美诺篇》)这句话加以总结就是:"知识才能带来美德。"不过,苏格拉底"知识即美德"中的知识是指理念性的美德知识(《美诺篇》:"美德即知识"),朱熹的致知之知则是指日常生活中的仁义礼智信,与理念无关。苏格拉底的美德所包含的内涵与《大学》的诚意、正心也不完全一样。朱熹总结自己对《大学》的解读就是:"事理通达而心气和平。"物格、知至就能做到"事理通达","心气和平"就是意诚、心正。心正则身修,身修就可以齐家、治国、平天下。

三、王阳明对《大学》的解读

朱熹思想的核心是通过接触天下外物、穷尽万物之理以达到意诚、心正的目的("事理通达,而心气和平")。但在陆九渊看来,这种今日格一物明日格一物的方法不仅支离破碎,而且事倍功半——既然物之理最终要体现于人心,何不直接从人心着手呢?因此,陆九渊提出了"吾心便是宇宙,宇宙便是吾心"

的思想以对抗朱熹的格外物之说。到了明代，王阳明则在陆九渊思想的基础上，提出了心外无物、心外无理的思想来解读《大学》。

与朱熹一样，王阳明也认为明德是人生而具有的本性，是天理，是良知，具体表现为仁、义、礼、智。但由于人的气质有清浊，情感有过与不及，因而人的本性就会被遮蔽。为此，我们就要去除遮蔽以恢复上天赋予的明德——明明德。但王阳明与朱熹对明明德等三纲的解读不尽相同。首先，王阳明认为三纲的核心是明明德。明明德了就一定能亲民。亲民和止于至善都属于明明德的潜在范围，而不是在明明德之外，还要特地去亲民，然后才能止于至善。因此，明明德是三纲的核心。而朱熹认为，彻底明明德后，还要彻底新民，最终达到止于至善。因此，明明德虽然是核心，但止于至善是最终的衡量标准。正因为如此，朱熹和王阳明对圣人的理解也不一样。朱熹的圣人除彻底达到明明德外，还要做到彻底新民，王阳明的圣人侧重于修养自身，不必然要去亲民。

其次，王阳明不同意二程、朱熹将古本《大学》中的"亲民"改为"新民"。新民的意思是自新而后新百姓，亲民的意思是自新而后亲近百姓、爱护百姓。《大学》在后文论述治国、平天下时说，"君子贤其贤而亲其亲，小人乐其乐而利其利，如保赤子；民之所好好之，民之所恶恶之，此之谓民之父母"。这阐发的显然是亲民，而不是新民。何况《礼记》中《大学》的原文本来就是亲民。

最后，与朱熹将"止于至善"解释为没有达到至善则要达到至善、达到了至善则要固守至善不同，王阳明认为"止于至善"不过是恢复人们善的本性。在没有达到至善时，可以采用曾子"吾日三省吾身"的方法，慢慢地就能自然做到孔子所说的"随心所欲不逾矩"（《论语·为政》），即至于至善。止于至善后就不存在朱熹所说的还要固守至善的问题。

王阳明对三纲的理解是建立在心外无物、心外无理的基本前提下的。所谓心外无物是指，如果离开了心，我们就无法知道物。例如，桌子上放着一个杯子，我们是怎么知道的呢？用眼睛看到的。是什么让眼睛看到的呢？当然是我们的心。离开了心，我们就不知道杯子的存在，心外无物。远处传来悦耳的声音，我们是怎么知道这声音的？用耳朵听到的，是什么让耳朵听到的呢？当然还是我们的心。离开了心，我们就不知道声音的存在，心外无物。同样，当我们闻到一种气味、尝到一种味道、触碰到一个东西时，也离不开鼻子、舌头和身体。而我们之所以能闻、能尝、能触碰，是因为我们有心。离开了心，我们就不能闻、不能尝、不能触碰，心外无物。

同样的道理，不通过心，我们也无法知道物之理（致知之知），心外无理。有人可能会反驳说，我是通过学习获得知识的，通过顿悟获得知识的，在梦中领悟知识的，但通过学习、顿悟、做梦获得知识也都是由于有心。没有心，这一切都不可能。况且发现知识的人，也是用他的心才发现这些知识的。没有心，无从发现知识，也无从学习知识。甚至当我们对王阳明心外无物、心外无理的命题进行反驳时，也是因为有心才能做到。

这里要消除一个误解，以为心外无物是说我们的心能变出物。实际上，心外无物是指，当我们内心对物没有感觉或感知时，我们既不知道它是存在的，也不知道它是不存在的，甚至没有该物存在与否的意识。换一个说法，心外无物、心外无理的意思就是：我的世界就是我的心所知道的世界，我知道的物就是我的心所知道的物，我所知道的理就是我的心所知道的理。这是一个恒等式，除非将来有一天人可以不通过心就知道物和理。

正因为心外无物、心外无理，善与恶也不在心外。因此，只要我们去掉了心中的恶，就能恢复我们的本性之善，良知就会自然呈现。去掉心中的恶就是王阳明所谓的格物，让良知呈现就是王阳明所谓的致知。这里，格是正的意思，格物就是将不正的东西归于正；致是使之呈现的意思，致知就是将自己的良知呈现出来。格物、致知是同一事情的两个方面。格物相当于擦灰尘，致知相当于让桌子干净。二者是同一事情的两种说法。

从王阳明心外无物之物、心外无知（理）与格物、致知的含义可以看出，心外无物之物不同于格物之物。心外无物之物包括善之物、恶之物、不善不恶之物。而格物之物只包括恶之物。同样，心外无知之知也不同于致知之知。心外无知包括善之知、恶之知、不善不恶之知等一切知，致知之知则特指良知。良知是我们的本性。这种本性不仅是善的，还能让我们知道什么是恶的、什么是善的，知道如何去除恶之物（过与不及就会产生恶）。只要去掉过与不及，良知就会自然呈现。因此，朱熹那种"今日格一件，明日又格一件"、"积习既多，然后脱然有贯通处"的格物、致知方式（《朱子语类》卷十五引二程语）在王阳明看来都只是细节。良知相当于圆规与直尺，这些细节相当于对方与圆的测量。学会使用圆规、直尺，那么测量具体的方圆就不在话下了！

对格物、致知与诚意的关系，前文说过，朱熹认为格物、致知在先，诚意在后，即知在先，行在后。与朱熹不同，王阳明认为知行是合一的，无所谓先后。格物、致知是为了让良知呈现（知），诚意则是以良知去意之不正（行）。因此，格物致知与诚意是合一的，即知行合一。不但格物致知与诚意是合一的，而且致知和诚意内部也是知行合一的。致是知行合一之行，知是行合一之知；诚是知行合一之行，意是知行合一之知。推而广之，人生在世的每一个环节都包含着知与行。对此，王阳明的学生顾东桥质疑说，以吃饭为例，只有先知道什么是饭，然后才能去吃饭。可见，先有知（知道饭），然后才能行（吃饭）。对这个质疑，王阳明回答说，人之所以知道饭（知），必然是因为先有吃饭的想法（行）。在这个环节中，知与行是合一的。有了想吃饭的想法然后去吃饭，吃饭是行，吃了则知道饭的味道如何，属于知。这个环节，知行还是合一的。顾东桥的错误是将第一个知（知道饭）行（吃饭的想法）环节中的知与第二个知（知道饭的味道如何）行（吃了饭）环节中的行放在一起了。所以，他认为先有知后有行，误解了知行合一的思想。只要将同一环节的知与行放在一起比较，在理论上就能得出知行合一的结论。从实践上看，王阳明说，他之所以强调知行合一，是因为人们往往将知行割裂后，明知是错误的（知），也不去纠正（行），须知"知者行之始。行者知之成。圣学只一个功夫，知行不可分作两事。"（王阳明《传习录》二六）

除朱熹的知先行后说、王阳明的知行合一说之外，从逻辑上看还存在第三种可能，即行先知后说。但真正的行先知后是不能完全成立的，因为行总要伴随着知。如果既不知道什么是行，也不知道为什么行，行就会出问题。以吃饭为例，吃饭是行，但吃饭之前我们应知道什么是吃饭，否则我们以为跳楼是吃饭，就会出问题。我们也应知道为什么吃饭。当然，行之后会增加原先的知，甚至可能否定原先的知，那是另外一个问题了。

正因为王阳明的物格与知至是同一事情的两个方面，知至与诚意也是合一的（即知行合一），意是心之所发（王阳明《传习录》卷六："心之所发便是意"），心是身之本，齐家、治国、平天下只是修身的延伸。因此，王阳明对《大学》的解读总结为四句话，即所谓的四句教，"无善无恶是心之体，有善有恶是意之动，知善知恶是良知，为善去恶是格物"（《传习录》卷三一五）。还可以将四句教精炼为一句话，就是致良知。致是行，良知是知。致良知就涵盖了四句教和王阳明对《大学》的解读。因此，到了晚年，王阳明专讲致良知。当然，用诚意、正心、修身等同样可以涵盖王阳明四句教和王阳明对《大学》的解读。

如果进一步对四句教加以分析，我们会发现存在这样一个问题：既然心是无善无恶的，且心外无物，心外无知，那么意、知与物为什么是有善有恶的呢？在《传习录》中，钱德洪和王汝中对这个问题进行了讨论。钱德洪认为，王阳明的核心思想是四句教，即"无善无恶是心之体，有善有恶是意之动，知善知恶是良知，为善去恶是格物"。王汝中则认为四句教存在问题。如果心是无善无恶的，那么意也是无善无恶的，知也是无善无恶的，物也是无善无恶的。如果说意、知、物有善有恶，那就说明心体不是无善无恶的，而是有善有恶的。二人争论不下，就去请王阳明做评判。王阳明对二人的观点都既有肯定又有否定。王阳明认为，从心的本源上说，王汝中的观点是对的，因为如果心是无善无恶的，意、知、物当然也是无善无恶的。源是清的，流应当也是清的。但是，在现实中，大多数人的良知会受到遮蔽，因而意、知、物会有善有恶。虽然源头是清的，但在流动途中受到了污染。污染极少的容易去除，佛教称为利根之人。王阳明也引用了利根这个说法。但是，这种利根之人非常少，因而王汝中的观点对绝大多数钝根之人不适用。与王汝中相反，钱德洪的观点恰恰适用于绝大多数受到较重污染或严重污染的钝根之人。这种人难以快速地领悟心之本体，只能采用曾子"吾日三省吾身"的方法，不断减少自己的错误，去除遮蔽，慢慢达到孔子所谓"从心所欲，不逾矩"的明明德境界。因此，王阳明对王汝中和钱德洪的观点都既肯定又否定。二人如果各执己见，"跟前便有失人，便于道体各有未尽"（王阳明《传习录》一三五）。如果王汝中执己之见，对钱德洪就不适用；如果钱德洪执己之见，对王汝中就不适用。二人的观点应当相互补充借用。因为世界上钝根多，利根少，所以钱德洪所说的适用性更广。

为了便于区分，我们将无善无恶是心之体、有善有恶是意之动、知善知恶是良知、为善去恶是格物这四句话称为前四句教，以前四句教为核心的思想称为王阳明的前期思想。而将心体是无善无恶、意亦是无善无恶的意、知亦是无善无恶的知、物亦是无善无恶的物这四句话称为后四句教，以后四句教为核心的思想称为王阳明的后期思想。

对格物、致知、诚意之外的几个环节，王阳明与朱熹都认为，意是心之发动，心是身的主宰，只要诚意了就能正心，正心就能修身。身修就能新民，即齐家、治国、平天下。但王阳明对诚意、正心、修身关系的看法与朱熹略有差别（参见正文的解读）。王阳明指导齐家、治国、平天下的思想也与朱熹不同，朱熹的指导思想是新民，而王阳明的指导思想是亲民。

如果说朱熹对《大学》解读得出的结论是（仁义礼智信之）知识才能带来（诚意、正心的）美德，那么王阳明解读《大学》的结论就是，既然知识才能带来美德，培养美德干嘛要格外物，何不从心着手？心外无物、心外无知嘛。

四、新古典儒家对古典儒家的创新

朱熹是程朱理学的集大成者，他认为物在心外，有仁义礼智信之知才能做到意诚、心正。王阳明是陆王心学的集大成者，他认为心外无物，诚意、正心应直接从心下手。二人的思想如此不同，却都属于儒家。难道儒家是任人打扮的小姑娘吗？当然不是，这种状况的出现与儒家创始人孔子所处的时代及其个人因素有关。

孔子所在的时代是春秋末期，当时还没有发明纸张，普通人要靠在竹片上刻字的方法进行记录。这种方法需要一定的技术，也非常麻烦。所以，那个时代所有的记录都非常简略。孔子自身述而不作，只靠他的学生做记录。而孔子一生很大一部分时间在周游列国，跟随他的学生很不固定，没有一个固定的记录人员。因此，即使经过多人审核的纪念文集《论语》也有前后重复的地方。有人说《春秋》可能是孔子晚年自己动笔写作的，因而相对可靠。但《春秋》的记录和评论也非常简略，所以才有《左传》《公羊传》和《谷梁传》。《左传》

以补充事实为主,《公羊传》和《谷梁传》则对《春秋》的评论加以引申。然而,引申《春秋》评论的《公羊传》和《谷梁传》的观点也不完全一致。后人如朱熹对这两本书的观点并不完全认可。此外,孔子采用的教学方法是因材施教。这种方法对学生本人非常有益,但后人无法还原当时的情景,因而加大了理解孔子思想的难度。

从孔子思想的发展来看,孔子"吾十有五而志于学,三十而立,四十而不惑,五十而知天命,六十而耳顺,七十而从心所欲,不逾矩。"(《论语·为政》)孔子四十岁之前还惑着呢,而他四十岁之前就已经开始招收学生,一直到七十岁还在从事教育活动。如果从他七十岁往回看,孔子肯定对自己以前所说的很多话不赞同。而《论语》基本上没记录某句话是孔子在什么年纪讲的。这让后人如何猜测哪些是孔子认可的思想呢?

时代因素和个人因素使后人对孔子思想几乎不可能准确解读,朱熹与王阳明对《大学》的不同解读就是例证。当然,无法完全解读并不等于没有任何线索可循,更不是说不要阅读儒家典籍。孔子是七十三岁去世的,他七十岁时"从心所欲不逾矩"。这句话应该是基本成熟的思想了。这句话的前半句涉及心,后半句涉及礼。荀子重视后半句,董仲舒、二程思想在某种程度上都属于荀子的系统。孟子重视前半句,陆九渊、王阳明属于孟子的系统。因此,从这个角度看,程朱理学、陆王心学都属于儒家思想。但与古典儒家不同的是,程朱理学、陆王心学都引进了其他的思想资源阐释古典儒家思想,让儒家思想多姿多彩,使坏事变成了好事。

新古典儒家之新在于以朱熹为代表的程朱理学引入了理的概念来论证古典儒家的礼,即"从心所欲不逾矩"之"矩"。孔子的礼主要涉及社会领域,荀子的礼虽然涉及自然,但缺乏有力的论证。汉代董仲舒引入天人感应、阴阳五行学说论证儒家的思想,成功地让汉武帝独尊儒术。但是,在后世玄学思想和佛教思想的冲击下,董仲舒理论的说服力显得不足,儒家思想有退出中心的趋势。朱熹以事物的所以然之理作为事物产生的原因,将理与物的关系建立在因果关系上,再用因果关系论证自己的理论。这种理论不仅让玄学无力反驳——新古典儒学的创始人周敦颐吸收了道家思想,而且让佛教也无力反驳,因为因果关系就是佛教因缘关系的一种特殊形态。从此，程朱理学在数百年间成了中国文化的真正主流，到今天还在间接左右人们的思想。当然，理的概念并不是朱熹提出来的（程颢："天理二字却是自家体贴出来"），但他是理学思想体系的集大成者。

新古典儒家之新还在于以王阳明为代表的陆王心学用心外无物、心外无理思想丰富了"从心所欲不逾矩"之"心"的内涵。虽然孔子、孟子特别重视心，但没有提出心外无物的思想。虽然儒家学者陆九渊说他的"宇宙便是吾心，吾心即是宇宙"思想源于对孟子的领悟，但真正提出并论证心外无物思想的是佛教唯识宗、天台宗，陆九渊很可能借鉴了佛教思想。王阳明认为，陆九渊的思想过于粗糙。因此，他在陆九渊的基础上建立了比较系统的心学体系。这种思想系统不仅让建立在道家思想之上的玄学无力反驳——道家的核心思想是无物，王阳明的后期思想核心也是无物，而且让佛教也无力反驳——王阳明的思想本来就借鉴了佛教思想。

当然，朱熹和王阳明从道家和佛教那里引入思想资源，最终都只是为了建立他们的伦理性思想体系。朱熹的理论中虽然有物、气等非伦理性的概念，但主要是为了论证天地万物，包括人，都先天具有仁、义、礼、智等伦理性特征。与朱熹一样，王阳明虽然提出并论证了心外无物、心外无理的思想，但主要是为了阐述致良知的思想。非良知的东西被当作末节忽略不计。朱熹和王阳明这种伦理性理论的性质恰恰是儒家思想的基本特征。

五、朱熹和王阳明思想的会通

从物在心外和心外无物看，朱熹和王阳明的理论截然相反。但实际上，他们二人的理论是相互补充的，共同构成了完整的儒家思想体系。我们借助胡塞尔的理论对此进行分析。胡塞尔是现象学的创始人，他将人的活动分为五个不可分割的环节：心理活动、心理情绪、心理意向、意向之物和所指之物。以上课为例，老师对学生说："看讲台。"这时所说的讲台是所指之物。不过，我们实际上无法看到讲台的全部，只能看到讲台的某一面。当我们走到前面时，就看不到后面；当我们走到后面时，又看不到前面。即使我能看到讲台所有的面（如借助镜子），也无法看到讲台的内部。即使我们通过技术手段看到达讲台内部，但别人看到的与我看到的也不一样，一个数学家关注的可能是讲台的形状，一个工程师关注的可能是这张讲台的材质。因此，我们每个人看到的讲台实际上是由我们所关注到的不同面向之物所构成的，这时的讲台就是意向对象。我们看到讲台时的心理指向就是心理意向，即《大学》中所谓的意。伴随心理意向则有心理活动，心理活动所带有的情绪就是心理情绪。

以这五个环节进行判断，在心理活动、心理情绪和心理意向等三个环节，朱熹和前期王阳明没有什么根本性的区别。他们都认为，诚意之意是心之所发（心理意向），心之所发伴随着心理活动和心理情绪。他们二人理论的区别主要体现在物的含义上。朱熹的格物之物指所指之物，因而物在心外；王阳明所说的物指意向之物（格物之物则是指意向之物中的恶之物），因而心外无物。有意向之物，我们心中才会有所指之物；没有意向之物，我们心中根本不知道任何东西。虽然有意向之物不一定有所指之物，但朱熹的格物之物是指日常感知之物，日常感知之物一定有意向之物。因此，朱熹的格物之物离不开王阳明的心外无物之物，王阳明的心外无物之物也离不开朱熹的格物之物。由于物的不同，他们的致知之知（理）也不同。朱熹的理既指外物之理，也指内心之知，王阳明的理则指心中的良知。因此，朱熹通过格外物、穷万物之理调节心理情绪以恢复本心，王阳明则直接通过去除心中不良的情绪以恢复本心。

除所指之物和意向之物外，还有一种特殊形式的物，这就是《道德经》中所谓的无物之物。什么是无物之物？《道德经》第十四章说："视之不见名曰夷，听之不闻名曰希，搏之不得名曰微……复归于无物"。因此，所谓的无物之物就是"视之不见"、"听之不闻"、"搏之不得"之物。"视之不见"、"听之不闻"、"搏之不得"是什么意思呢？《道德经》没有给出直接的说明。但我们可以从《庄子》一书的庖丁解牛故事中找到答案。庖丁是一位宰牛的屠夫。他宰牛时，眼睛不用盯着牛，只凭眼神感觉，刀刃就不会碰到骨头，也不会割到肉，完全顺着牛骨节的缝隙而游刃有余。虽然他十九年来宰了数千头牛，但刀刃还像是刚从磨刀石上磨过一样。他的技术远远超过他的同行。这里，凭眼神感觉就是"视之不见"的"视"，用眼睛盯着看则是"视之不见"的"见"。庖丁宰牛时就是"视之不见"。由此，我们就可以推知"听之不闻"、"搏之不得"的含义。当我们在专心致志地看书时，窗外飘来了音乐之声。这声音当时没有引起我们的注意，但我们事后却能回想起这音乐的声音。我们正在学习时听音乐的状态就是"听之不闻"的状态。我们看书时也没有在意脚踏在地板上，但事后能回想起当时脚踩在地板上的状态。那种状态就是"搏之不得"即接触到却没有注意到的状态。推而广之，一切只感觉到（视、听、搏等）物（包括事情、物、人等一切存有着的东西）却没有感知到的物就是无物之物。后期王阳明思想中的物就属于这种无物之物。

无物之物是物的本原状态。有物之物派生于无物之物。在《庄子》庖丁解牛故事中，庖丁在正常宰牛时，对牛视而不见，这时的牛以无物之物的状态呈现。但到了筋骨交错的地方，庖丁就会谨慎小心，眼神专注地看着牛才敢下刀。这时，原来以无物之物状态呈现的牛就以有物之物的状态呈现出来了。由此可见，无物之物是本原状态，有物之物是从无物之物中派生的。意向之物中的意向对象和所指之物中的所指对象都属于有物之物。

所指对象、意向对象和无物之物在逻辑上构成严密的分类。朱熹思想中的物是第一种物，前、后期王阳明的物则是第二、第三种物。因此，从物的角度看，他们的思想构成了理论上的完整性，成为儒家思想的双翼。后人很难在这两种思想之外建立第三种儒家思想。我们学习古典儒家思想，要通过这两个系统入门。

六、儒家思想的作用

为了看清儒家在思想史中的位置，我们根据道家和现象学的理论将物分为三类。第一类是无物之物，第二类是日常的有物之物，第三类是广义的理念之物。与物相对应，我们也可以将知相应地分为无知之知（知而没注意到）、日常之知（注意到的日常之知）和理念之知。

道家的无物思想，上一部分已经加以介绍。为了进行比较，我们这里对海德格尔的无物思想进行阐述。与道家不同，海德格尔首先将日常之物看作工具，例如我们日常所用的饭桌是吃饭的工具，筷子是吃饭的工具。其次，他将工具分为两种状态，一种是称手状态（应手状态），一种是在手状态。当我们拿着一个锤子全神贯注地钉钉以致没有在意锤子的存在时，此时锤子就处于称手状态。可以看出，海德格尔称手状态中的工具就是老子的无物之物。不同的是，称手状态中的物处在一个结构之中，如钉钉是为了修椽子，修椽子是为了修理房子，修理房子是为了遮风避雨。这些都处在一个生存结构之中。此外，海德格尔认为，无物之物是在本真的时间中展现的。在手状态中的物就是日常的有物之物。如果我们钉钉时，锤子的柄突然松了，我们拿起锤柄来查看是怎么回事。这时锤子就处于在手状态，变成了日常有物之物。

由于海德格尔的这种理论有唯我论之嫌，后期海德格尔就用这种方法，从"我们"的角度阐述物。以一座大桥为例，在出城的司机眼里，桥连接了城区与郊区；在农民的眼中，自己耕种的水果可以通过大桥进入城市；在散步者眼中，桥跨越了湍急的水流，将两岸融为一体，直指遥远的天空。对不同的人而言，桥将万物潜在地联系在一起了，使之处在不同人的生存结构之中。世界上的物也如同锤子和桥一样，首先呈现的都是不同人眼中的"称手之物"状态。

与庄子一样，前期海德格尔也认为，称手状态之所以变成了在手状态只是因为碰到了障碍，如锤子不好使了，或想钉钉子，锤子却不在眼前。但在日常生活中，称手状态变成在手状态的原因不只是碰到了障碍，还可能是遇到了高兴的事，如我们在小区散步，突然看到一锭金子，产生了惊异，金子就从无物之物变成了有物之物。因此，海德格尔后期将有物之物的出现归因为无物世界出现了异常状况，障碍和高兴都是无物状态的异常状态，都会让我们感到惊异。产生了差异，无物之物就产生了有物之物。

与日常之物源于无物之物一样，理念之物也源于日常之物。按照胡塞尔的本质还原理论，我们大致是通过这样的步骤获得事物本质的（广义的本质就是广义的理念）：第一步，直观或想象一个物，如杯子，然后通过自由想象创造出多种多样的例子（杯子）；第二步，在这些例子中找到一致不变的共同规定性，如用于喝水的功能；最后，将这一系列共同规定性加以组合就构成了事物的本质。胡塞尔称这种方法确定的本质为普遍化的本质。与之相对的，还有一种形式化的本质。寻找形式化本质也是用类似的方法，只不过要将事物（如杯子）改成事物之间的关系。从这种获得本质的步骤中可以看出，本质或理念源于直观或想象的日常有物之物。

在无物之物构成的无物世界中，我们与他人之间虽然有关联，但不会引起我们的注意，因而处于一种没有感觉到自由的自然自由状态。在日常世界中，我们与他人之间不仅有关联，而且会引起我们的注意。这种关联关系可以分为两种，一是平等关系，二是不平等关系。不平等关系又可以分为两类。一是政治权力关系。二是非政治权力关系。在理念世界中，普遍化本质只承认抽象的等级关系，如小猪属于猪，猪属于动物，且这种小猪和猪都是抽象的。形式化本质则将这种抽象都形式化，完全失去具体物的内容。如果我们将理念用于社会制度的设计，整个社会中人与人之间就只存在政治权力关系，一端是为实现某种理念目标的操作工，另一端则是有待加工为标准件的材料。这就是所谓的极权主义。在这种社会中，没有任何自由平等的关系，个人不是被人控制，就是控制他人。如果整个社会都接受以理念建构社会的思想，不只是作为权力主体的个人会钟情于这种政治体系，作为权力客体的个人也视这种政治体系为当然，即使深受其害也会自觉不自觉地为这种政治系统辩护。

在一个正常的社会中，无物世界、日常世界和理念世界都没有扭曲，人际关系相对均衡。我们与绝大多数人基本没什么关联，与少数人发生了关联但不会有什么交往，因而大部分生活在日常的平等交往关系中，如朋友圈、同学圈、老乡圈、兴趣圈。当然，也会与权力发生关系，包括政治权力与非政治权力。在市场经济不发达的社会，主要是与政治权力打交道。在市场经济发达的社会，大多数人要与建立在资源之上的权力打交道。但与政治权力相比，这种非政治权力是有限制的、非垄断性的，权力主体与客体之间是自愿进行交易的。因此，在正常社会中，一个人既享有没有感觉到自由的真正自由，也享有感知到的权利自由，同时受到权力的某种限制，有时甚至是任意性的限制。

一旦建立了极权主义政治体系，政治权力不仅会将建立在资源交换之上的权力和建立在说服、说教之上的非政治权力变成政治权力关系，而且会将非权力的平等关系政治权力化，甚至连没有任何关联的关系也纳入政治权力体系，如让没有任何关系的张三、李四变成政治意义上的敌人或同盟。在急剧变迁的社会中，社会文化习俗遭到破坏，大量的个人变成了原子式的个体。而此时又出现了善于借助现代科技手段进行宣传、组织的领袖，他就会利用诱惑和恐惧驱动所有人进入这种极权主义政治体系之中。以纳粹为代表的极权主义就是实例。

为了防止出现这种畸形的极权主义，我们首先要明白有物世界源于无物世界，理念世界源于有物世界。这样才不会幻想以理念世界取代其源头的日常世界和无物世界。其次，尊重社会习俗，特别是本民族的思想。在任何一个社会中，真正理解无物思想并用以处理日常问题的人少之又少，大部分人只能接受日常世界的思想。因此，如果没有日常世界的常识和民族思想，人们就会不自觉地采用自己所理解的理念方法处理问题，慢慢形成极权主义思维。

中国的思想主要包括儒家、道家、佛教。道家、佛教主要针对的是无物世界，真正针对日常世界的是儒家思想。自宋明以来，儒家思想的形态则主要表现为以朱熹为集大成者的程朱理学和以王阳明为代表的陆王心学。因此，如果能以朱熹、王阳明为代表的儒家思想，辅以道家、佛教的无物思想，指导我们设计政治结构、制定法律体系，就能防止极权主义；如果将儒家思想与社会契约理论相结合，就能防止独裁专制。当然，这只是理论上的展望。在现实中，政治家会费尽心力使用暴力或阴谋将一个国家变成极权主义，以便从中获取利益和权力。

七、儒家所面临的挑战

自从汉武帝尊儒术以来，儒家在历史上受到过三次大的挑战。第一次挑战来自魏晋玄学，第二次挑战来自佛教，第三次挑战来自自然科学和西方哲学。前两次挑战不是颠覆性的，因为玄学和佛教理论的核心都是按照自己的理论修正自身的行为和思想，从而让自身顺随世界，与世界和谐相处。在这点上，儒家与它们基本是一致的。这为它们提供了在相互批评中和谐相处的可能。但第三次挑战是颠覆性的。

首先，如上文所说，中西方思想的方式不同，所涉及的物也不一样。西方主流思想是要找出物的理念，中国古代思想包括儒家思想，都没有理念思维方式；理念思想针对的是理念世界，中国古人思想针对的是无物世界和有物世界。其次，从具体的政治、经济领域而言，儒家思想与西方近代民主政治思想、市场经济思想也不一致。西方近代民主政治思想的理论基础是契约理论，参与契约的个体是平等的。而儒家的理论前提建立在以等级观念为核心的伦理之上，与契约理论不同，甚至相反。在经济领域，儒家讲义，《孟子》第一章就进行义、利之辩。虽然义的含义在不同的儒家典籍中并不完全相同，但商人不生产物品却赚差价，几乎等于不劳而获，肯定是不义的。因此，中国几千年都采取重农抑商的政策。但是，斯密论证说，商人的存在带来了专业化，提高了生成效率，降低了生成成本。新制度经学家还论证说，市场经济不仅降低了生产成本，还降低了交易成本。因此，从西方理论的角度说，商人行为不仅合义，而且合乎国家大义。

如果说思想上的不一致还可以通过理论创新加以解决，那么建立在理念之上的西方科技以及市场经济所带来的现实生活的改变，对儒家的冲击则是致命的。在中国传统社会，由于生产力水平低下，不可能建立广泛的社会保障制度，家庭保障是最主要的形式。所以，儿子越多，就越有保障，所谓多子多福。但是，随着西方科技的发展和市场经济思想的普及，社会财富越来越丰富，人们开始接受社会保障思想，家庭的保障作用在逐渐减小。多子不一定多福，少子或者无子也未必不幸福。因此，大家庭在经济上失去了优势。此外，随着个人权利观念的高涨，晚辈和长辈都倾向脱离大家庭去寻找个人的自由空间。于是，传统的大家庭就面临解体，小家庭逐渐成为主流形式。问题是，这种传统的大家庭恰恰是儒家思想的理想训练场所。所以，有子说："其为人也孝弟而好犯上者鲜矣，不好犯上而好作乱者未之有也。君子务本，本立而道生。孝弟也者，其为仁之本与？"（《论语·学而》）。孟子也说："人人亲其亲、长其长，而天下平"（《孟子·离娄上》）。有子所说的"孝悌"、孟子所说的"亲其亲"是个人儒家化的关键。这些都是在传统大家庭中潜移默化形成的。而随着大家庭的解体，家庭难以作为儒家训练仁、义、礼、智的基地。这才是儒家面临的最大挑战。

八、解读《大学》的新视角

朱熹和王阳明思想中的格物、致知、诚意等核心概念与古典儒家是不同的，是理论创新的产物。朱熹所谓的格物之物是所以然之理中的物，不同于古典儒家所指的物。王阳明的格物之物则是心外无物视角下的物，也不是古典儒家意义上的物。物的概念不同，致知之知、诚意之意与古典儒家所理解的也就不同。正因如此，朱熹和王阳明的思想才被称为新古典儒家。借鉴宋明儒家的思路，我们可以尝试对相关概念做相应的改变以应对理念思想的挑战。

前文对格物、致知、诚意之间的关系已经借助胡塞尔的理论进行了相应的分析。这里，我们结合佛教唯识论的四因缘说和胡塞尔的理论对《大学》中核心概念的内涵稍作扩展。佛教的四因缘是指因缘、次第缘、增上缘、所缘缘，但唯识论的四因缘说与其他佛教教派有所不同。以观察一个杯子为例，需要我们有能见的能力、有杯子、有光。这里，光就是增上缘，即对我们观察杯子起促进或阻碍作用的因素。能见的能力属于唯识论的因缘，即主要原因。能见的能力要有持续性，这就是次第缘，也叫无等间缘，即能见的能力之间没有间隔。杯子是所缘缘，准确地说，是疏所缘缘。除疏所缘缘外，所缘缘还包括亲所缘缘。我们观察杯子时，从来看不到杯子的全部，只能看到某些部分。我们将这些看到的部分无意识地构成了杯子，然后将构成的杯子当成了杯子本身。无意识构成的杯子就是亲所缘缘。在胡塞尔的现象学中，疏所缘缘就是所指之物，亲所缘缘就是意向之物，与因缘相关的心理活动叫意向活动。

唯识论和胡塞尔的现象学都认为心外无物，即物只有通过心才能获知。不同的是唯识论不承认有物的存在，物都是自己和别的识共同形成的。胡塞尔虽然认为物要通过心才能得知，但这种物是客观存在的。唯识论这种物由识形成的思想不易被我们接受，胡塞尔的思想则更具合理性。与唯识论和胡塞尔相比，道家虽然提出了无物之物，但没有提出心外无物说，也没有提出佛教意义上的因缘说。因此，从现代人的角度看，在唯识论的基础上承认物的相对独立性，是一个合理的解释模式。在这个改进的模式中，唯识论的疏所缘缘和胡塞尔的所指之物就是朱熹的格物之物，只是朱熹没有涉及心外无物。王阳明的心外无物之物则与唯识论中的亲所缘缘和胡塞尔的意向之物接近。

由于可分析的物都直接或间接地归为无物之物、有物之物或理念之物，因而对格物、致知之间的关系，我们可以得出以下两点结论。一、知无法彻底反映物。在我们与物打交道时，首先接触到的是无物之物。这种物就在当场，我们能感觉到但没有注意到（如果不在当场就没有无物之物，当然也就没有无知之知）。因此，无知之知只能反映在场之物。而无知之知与无物之物也不完全对应。有无物之物才有无知之知，反之则不必然，且前者对后者有某种程度的改变，否则连感觉都不会有。二、日常之知不能彻底反映日常的有物之物。日常之知反映的是意向对象，即亲所缘缘，而不是日常意义的物，即疏所缘缘。不同的人即使对同一疏所缘缘所感知的亲所缘缘也不完全相同，而且可能会形成错误的反映。再次，理念之物只是物的本质部分，无法反映事物自身。

从这个模式分析致知和诚意的关系，我们也可以得出以下几点结论。一、在无物之物的世界中，知是无知之知，意是无意之意。知与意是合一的。二、在日常的有物之物领域中，知与意之间没有必然关系，知是实然问题，意是应然问题。王阳明是儒家，最终的目的是修身，所以，他的知行合一在很大程度上是从应然（所谓的真知、真行）的角度而言的。三、在个人和社会领域中，不可将理念之知泛化地用到人身上。既不能完全将理念直接用于自身的诚意、正心、修身之中，也不能完全用于齐家、治国、平天下，因为后者还涉及主体间性。否则可能造成极权主义。

上述结论都是粗线条的，如果要从理论上加以论证，还需要进行大量的工作，这只能等待机缘了。由于作者水平有限，作者的解读和结论未必完善，欢迎读者批评指正，以便今后修正。

凡 例

一、本书原文以中华书局2018年4月出版的《四书章句集注》（朱熹著）为底本。

二、本书按照朱熹的划分原则将《大学》分段，并将朱熹和王阳明对重要词语的不同解释放在文后，方便读者对照。

三、书中对文章的论证结构和朱熹、王阳明的不同解读制作了一些表格，以使读者有直观的领会。

四、本书逐段进行翻译、解说。解说部分包括朱熹和王阳明的不同解读以及作者的解读。为了使读者容易理解，作者尽量将朱熹和王阳明解读的原文放在注释中，正文则以作者的总结为主。

五、本书对生僻字的注音放在小括号之中。

第一章　大学之道

《大学》原是《礼记》中的一篇文章。北宋时期，程颢、程颐开始将《大学》与《论语》《孟子》和《中庸》一起作为学习儒家的重要经典。到了南宋，朱熹（1130-1200）将《大学》《中庸》《论语》《孟子》合称《四书》，并在前人的基础上对《四书》加以注解，撰写了《大学章句集注》。在朱熹看来，《大学》不只是《四书》的组成部分，而且是学习《四书》乃至整个儒家的思想纲目和行程指南[1]，是儒家这座大厦的地基[2]。因此，学习《四书》，首先要研究《大学》以打牢基础[3]，然后按照《论语》《孟子》《中庸》的顺序进行学习，才能达到事半功倍之效[4]。朱熹一生花在《大学》上的功夫最多[5]，对《大学》

---

[1] 《大学》是为学纲目。先通《大学》，立定纲领，其他经皆杂说在里许。通得《大学》了，去看他经，方见得此是"格物"、"致知"事，此是"正心"、"诚意"事，此是"修身"事；此是"齐家"、"治国"、"平天下"事。"（朱熹《朱子语类》卷十四）《大学》如一部行程历，皆有节次。今人看了，须是行去。今日行得到何处，明日行得到何处，方可渐到那田地。若只把在手里翻来覆去，欲望之燕，之越，岂有是理！（朱熹《朱子语类》卷十四）

[2] 《大学》是修身治人底规模。如人起屋相似，须先打个地盘。地盘既成，则可举而行之矣。（朱熹《朱子语类》卷十四）

[3] 先读《大学》，以定其规模（朱熹《朱子语类》卷十四）

[4] 先看《大学》，次《语》《孟》，次《中庸》。果然下工夫，句句字字，涵泳切己，看得透彻，一生受用不尽。只怕人不下工夫，虽多读古人书，无益。书只是明得道理，却要人做出书中所说圣贤工夫来。如果看此数书，他书可一见而决矣。（朱熹《朱子语类》卷十四）

[5] 某于《大学》用工甚多。温公作《通鉴》，言："臣平生精力，尽在此书。"某于《大学》亦然。《论》《孟》《中庸》却不费力。（朱熹《朱子语类》卷十四）

的研究也最为透彻[1]。事实上，朱熹对《论语》《孟子》和《中庸》乃至其他儒家经典的解读都以他对《大学》的解读为视角，其思想体系也建立在他对《大学》的解读之上。由于朱熹的《四书章句集注》自元代起就成了君主专制时代官方指定的科举考试教材，所以，朱熹所理解的《大学》思想借助科举制度进入了普通人的生活，不断地影响着中国人的思维，成为中国文化的重要组成部分。因此，学习儒家、研究中国文化，不可不读《大学》，不可不研究朱熹的《大学章句集注》。

在《大学章句集注》的序言开头，朱熹写道，"自天降生民，则既莫不与之以仁、义、礼、智之性矣。然其气质之禀或不能齐，是以不能皆有以知其性之所有而全之也。"这里所谓的"仁、义、礼、智之性"是人与生俱来的本性，是理在人心中的体现[2]。所谓理是指事物的所以然[3]。理源自上天，所以称为天理。天地万物作为整体之物，有其同一的天理[4]。这个同一之天理体现在不同的事物之中就形成了仁、义、礼、智等四种不同的本性。两者之间如月印万川——月亮虽然只有一个，但江、湖之中都有月亮[5]；又如雨后之水，虽然都是天上所下的雨水，但大池有大水池的水，小池有小水池的水，草有草上的水，木有木上的水[6]。由于本性不可言说，因而人的仁、义、礼、智只能通过恻隐之心、羞恶之心、辞逊之心、是非之心呈现，物的仁、义、礼、智则要通过人的体验

---

[1] 说大学启蒙毕，因言："某一生只看得这两件文字透，见得前贤所未到处。若使天假之年，庶几将许多书逐件看得恁地，煞有工夫。"（朱熹《朱子语类》卷十四）
[2] 性者，即天理也，万物禀而受之，无一理之不具。（朱熹《朱子语类》卷十五）在心唤做性，在事唤做理。（朱熹《朱子语类》卷十五）
[3] 其所以然者，理也。理如此，固不可易。（朱熹《朱子语类》卷十八）
[4] 宇宙之间一理而已，天得之而为天，地得之而为地，凡生于天地之间者，又各得之以为性。（《朱文公文集》卷十七）
[5] "如月在天，只一而已，及散在江湖，则随处可见，不可谓月已分也。"（朱熹《朱子语类》卷九四）
[6] 或问："万物各具一理，万理同出一原。"曰："一个一般道理，只是一个道理。恰如天上下雨：大窝窟便有大窝窟水，小窝窟便有小窝窟水，木上便有木上水，草上便有草上水。随处各别，只是一般水。"（朱熹《朱子语类》卷十八）

来展现[1]。由于天理是善的，人之性和物之性也都是善的[2]，因而才有孟子所说的人性善[3]。

理只是物存在的所以然，要使物的存在成为现实，还必须有理的"挂搭"处[4]。这个"挂搭"处就是"气质之禀"的气质。气是一种日常无法看见、能够自己运动的东西。气凝集成质，质生成万物[5]。气与质合称气质。人的气就是气血，"气者，即吾之血气而充乎体者也"（朱熹《朱子语类》卷五），第一个人也是由气化育而生成的[6]。

---

[1] 性不可言。所以言性善者，只看他恻隐、辞逊四端之善则可以见其性之善，如见水流之清，则知源头必清矣。四端，情也，性则理也。发者，情也，其本则性也，如见影知形之意。（朱熹《朱子语类》卷五）理一也，以其实有，故谓之诚。以其体言，则有、仁、义、礼、智之实；以其用言，则有恻隐、羞恶、恭敬、是非之实。（朱熹《朱子语类》卷六）盖仁，本只有慈爱，缘见孺子入井，所以伤痛之切。义属金，是天地自然有个清峻刚烈之气。所以人禀得，自然有裁制，便自然有羞恶之心。礼智皆然。盖自本原而已然，非旋安排教如此也。（朱熹《朱子语类》卷十七）问："人具五行，物只得一行？"曰："物亦具有五行，只是得五行之偏者耳。"（朱熹《朱子语类》卷四）在人，仁义礼智，性也。然四者有何形状，亦只是有如此道理。有如此道理，便做得许多事出来，所以能恻隐、羞恶、辞逊、是非也。譬如论药性，性寒、性热之类，药上亦无讨这形状处。只是服了后，却做得冷做得热底，便是性，便只是仁义礼智。（朱熹《朱子语类》卷四）天地间非特人为至灵，自家心便是鸟兽草木之心，但人受天地之中而生耳。（朱熹《朱子语类》卷四）朱熹有时说人或物具有仁、义、礼、智之性，有时说有仁、义、礼、智、信之性。这两种说法是一回事，仁、义、礼、智就是仁、义、礼、智、信，信分布在仁、义、礼、智之中。

[2] 这个理在天地间时，只是善，无有不善者。生物得来，方始名曰"性"。只是这理，在天则曰"命"，在人则曰"性"。（朱熹《朱子语类》卷五）

[3] 告子曰："性犹湍水也，决诸东方则东流，决诸西方则西流。人性之无分于善不善也，犹水之无分于东西也。"孟子曰："水信无分于东西，无分于上下乎？人性之善也，犹水之就下也。人无有不善，水无有不下。今夫水，搏而跃之，可使过颡；激而行之，可使在山。是岂水之性哉？其势则然也。人之可使为不善，其性亦犹是也。"（《孟子·告子上》）

[4] 或问："必有是理，然后有是气，如何？"曰："此本无先后之可言。然必欲推其所从来，则须说先有是理。然理又非别为一物，即存乎是气之中；无是气，则是理亦无挂搭处。"（朱熹《朱子语类》卷一）先有个天理了，却有气。气积为质，而性具焉。（朱熹《朱子语类》卷一）

[5] 天地初间只是阴阳之气。这一个气运行，磨来磨去，磨得急了，便拶许多渣滓；里面无处出，便结成个地在中央。气之清者便为天，为日月，为星辰，只在外，常周环运转。地便只在中央不动，不是在下。（朱熹《朱子语类》卷一）气，是那初禀底；质，是成这模样了底。如金之矿、木之萌芽相似。（朱熹《朱子语类卷十四》）

[6] "生第一个人时如何？"曰："以气化。二五之精合而成形，释家谓之化生。如今物之化生甚多，如虱然。"（朱熹《朱子语类》卷一）

从气自身的特性看，可以分为阴气和阳气[1]；从气的类型看，可以分为物之气和人之气。物之气浊，"偏且塞"；人之气清，"正且通"[2]。"偏且塞"，则无法呈现其理[3]，"正且通"则不仅能呈现自身之理，还可以感受物之理[4]。质由气形成，因而也可以分为阴阳，阴阳又可以分为金、木、水、火、土等五行[5]，与仁、义、礼、智、信之性相对应，"仁木，义金，礼火，智水，信土"（朱熹《朱子语类》卷六）。物由质形成，因而物也都可以分为阴、阳[6]，或表现为阴而以阳为里，或表现为阳而以阴为里[7]。阴阳互为表里，不断循环[8]。这种

---

[1] 问阴阳五行健顺五常之性。曰："健是禀得那阳之气，顺是禀得那阴之气，五常是禀得五行之理。人物皆禀得健顺五常之性。且如狗子，会咬人底，便是禀得那健底性；不咬人底，是禀得那顺底性。又如草木，直底硬底，是禀得刚底；软底弱底，是禀得那顺底。"（朱熹《朱子语类》卷十七）

[2] 问："或问'气之正且通者为人，气之偏且塞者为物'，如何？"曰："物之生，必因气之聚而后有形，得其清者为人，得其浊者为物。假如大炉镕铁，其好者在一处，其渣滓又在一处。"（朱熹《朱子语类》卷十七）

[3] 或问："人物之性一源，何以有异？"曰："人之性论明暗，物之性只是偏塞。暗者可使之明，已偏塞者不可使之通也。"（朱熹《朱子语类》卷四）问："人则能推，物则不能推。"曰："谓物无此理，不得。只是气昏，一似都无了。"知觉运动，人能之，物亦能之；而仁义礼智，则物固有之，而岂能全之乎！（朱熹《朱子语类》卷四）

[4] 问："或问云：'心虽主乎一身，而其体之虚灵，足以管乎天下之理；理虽散在万物，而其用之微妙，实不外乎一人之心。'不知用是心之用否？"曰："理必有用，何必又说是心之用！夫心之体具乎是理，而理则无所不该，而无一物不在，然其用实不外乎人心。盖理虽在物，而用实在心也。"又云："理遍在天地万物之间，而心则管之；心既管之，则其用实不外乎此心矣。然则理之体在物，而其用在心也。"次早，先生云："此是以身为主，以物为客，故如此说。要之，理在物与在吾身，只一般。"（朱熹《朱子语类》卷十八）问："先生旧解致知，欲人明心之全体；新改本却削去，只说理，何也？"曰："理即是此心之理，检束此心，使无纷扰之病，即此理存也。苟惟不然，岂得为理哉！"（朱熹《朱子语类》卷十八）

[5] 气则为金木水火，理则为仁义礼智"（朱熹《朱子语类》卷一）。这里的金木水火就是金木水火土，土分布在金木水火之中，"金木水火分属春夏秋冬，土则寄旺四季。如春属木，而清明后十二日即是土寄旺之时。每季寄旺十八日，共七十二日。唯夏季十八日土气为最旺，故能生秋金也。"（朱熹《朱子语类》卷九四）

[6] 五行相为阴阳，又各自为阴阳。（朱熹《朱子语类》卷一）

[7] 动之所以必静者，根乎阴故也；静之所以必动者，根乎阳故也。（朱熹《朱子语类》卷九四）阴以阳为质，阳以阴为质。（朱熹《朱子语类》卷一）

[8] 若论著动以前又有静，静以前又有动。（朱熹《朱子语类》卷一）阴阳无始，不可分先后。（朱熹《朱子语类》卷一）太极未动之前便是阴，阴静之中，自有阳动之根；阳动之中，又有阴静之根。动之所以必静者，根乎阴故也；静之所以必动者，根乎阳故也。（朱熹《朱子语类》卷九四）

一阴一阳循环运动的所以然就是天理，阴阳五行运动则形成气质[1]。如果将质的阴阳和五行加以组合，物就有十种类型，即阴木、阳木、阴火、阳火、阴土、阳土、阴金、阳金、阴水、阳水[2]。

既然任何事物都包含理与气，那么理与气二者之间是什么关系？朱熹认为，在没有天地万物之先，就有天地万物所以然之理。有了所以然之理，才会有气之流行，进而产生出天地万物[3]。因此，理在万物之先——即使天地万物都不在了，天地之理也会存在[4]。但从实际看，必须先有气，理才有"挂搭"处。理"挂搭"到物上后，物不仅具有体现天理的天命之性，而且具有由气质而成的气质之性[5]。

天地万物之气是各不相同的，有精英之气，有非精英之气。"气之精英者为神。金、木、水、火、土非神，所以为金、木、水、火、土者是神"。（朱熹《朱子语类》卷一）这里所谓的"气之精英者"就是精英之气，与之相对的则是非精英之气[6]。其中，精英之气不会禁锢理，非精英之气会禁锢理。形成物的气都是非精英之气。形成圣人之气的是精英之气，形成普通人之气的是非精英之

---

[1] 一阴一阳之谓道，阴阳是气，不是道，所以为阴阳者乃道也。（朱熹《朱子语类》卷六十六）问："动静，是太极动静？是阴阳动静？"曰："是理动静。"（朱熹《朱子语类》卷九四）或问图解云："五行之生，随其气质而所禀不同，所谓'各一其性'也。"曰："气质是阴阳五行所为，性则太极之全体。但论气质之性，则此全体在气质之中耳，非别有一性也。"（朱熹《朱子语类》卷九四）

[2] 阴阳是气，五行是质。有这质，所以做得物事出来。五行虽是质，他又有五行之气做这物事，方得。然却是阴阳二气截做这五个，不是阴阳外别有五行。如十干甲乙，甲便是阳，乙便是阴。（朱熹《朱子语类》卷五）

[3] 未有天地之先，毕竟也只是理。有此理，便有此天地；若无此理，便亦无天地，无人无物，都无该载了！有理，便有气流行，发育万物。（朱熹《朱子语类》卷一）

[4] 问："有是理便有是气，似不可分先后？"曰："要之，也先有理。只不可说是今日有是理，明日却有是气；也须有先后。且如万一山河大地都陷了，毕竟理却只在这里。"（朱熹《朱子语类》卷一）

[5] 气积为质，而性具焉。（朱熹《朱子语类》卷一）。

[6] 问："性具仁义礼智？"曰："此犹是说'成之者性'。上面更有'一阴一阳'，'继之者善'。只一阴一阳之道，未知做人做物，已具是四者。虽寻常昆虫之类皆有之，只偏而不全，浊气间隔。"（朱熹《朱子语类》卷四）这里的浊气就是非精英之气。

气[1]。因此，普通人之气对天性有禁锢。动物的天命之性比普通人禁锢得更严重，没有生命之物的天命之性又比动物禁锢得更严重[2]。

人生来就具有其天命之性，因而其性是善的[3]。当理"挂搭"到气上之后，不的浊气会不同程度地禁锢天命之性，从而产生恶，于是人就有了善恶的不同[4]，就像同一颗宝珠放在清浊不同的水中所呈现的颜色不同一样[5]。因此，如果想要改变气浊者之气，恢复其善的本性，就需要让气清的圣贤之人对气浊的普通人进行教育、管理[6]。为此，夏、商、周三代都建立了完善的教育体系，对小孩进行教化。小孩到了八岁就进入小学，学习"洒扫、应对、进退之节，礼乐、射御、书数之文"（朱熹《大学章句序》），即日常的生活技巧、礼节（洒扫、

---

[1] 只是一个阴阳五行之气，滚在天地中，精英者为人，渣滓者为物；精英之中又精英者，为圣，为贤；精英之中渣滓者，为愚，为不肖。（朱熹《朱子语类》卷十四）

[2] 问："气质有昏浊不同，则天命之性有偏全否？"曰："非有偏全。谓如日月之光，若在露地，则尽见之；若在蔀屋之下，有所蔽塞，有见有不见。昏浊者是气昏浊了，故自蔽塞，如在蔀屋之下。然在人则蔽塞有可通之理；至於禽兽，亦是此性，只被他形体所拘，生得蔽隔之甚，无可通处。至于虎狼之仁，豺獭之祭，蜂蚁之义，却只通这些子，譬如一隙之光。至于猕猴，形状类人，便最灵于他物，只不会说话而已。到得夷狄，便在人与禽兽之间，所以终难改。"（朱熹《朱子语类》卷四）问："气则有清浊，而理则一同，如何？"曰："固是如此。理者，如一宝珠。在圣贤，则如置在清水中，其辉光自然发见；在愚不肖者，如置在浊水中，须是澄去泥沙，则光方可见。今人所以不见理，合澄去泥沙，此所以须要克治也。至如万物亦有此理。天何尝不将此理与他。只为气昏塞，如置宝珠於浊泥中，不复可见。然物类中亦有知君臣母子，知祭，知时者，亦是其中有一线明处。然而不能如人者，只为他不能克治耳。且蚤、虱亦有知，如饥则噬人之类是也。"（朱熹《朱子语类》卷十七）问："枯槁有理否"？曰："才有物，便有理。天不曾生个笔，人把兔毫来做笔。才有笔，便有理。"（朱熹《朱子语类》卷二）

[3] 问："性固是理。然性之得名，是就人生禀得言之否？"曰："'继之者善，成之者性。'这个理在天地间时，只是善，无有不善者。生物得来，方始名曰'性'，只是这理，在天则曰'命'，在人则曰'性'"。（朱熹《朱子语类》卷五）当然之理，无有不善者。故孟子之言性，指性之本而言。（朱熹《朱子语类》卷四）

[4] 人所禀之气，虽皆是天地之正气，但辗来辗去，便有昏明厚薄之异。盖气是有形之物。才是有形之物，便自有美有恶也。（朱熹《朱子语类》卷四）。

[5] 人物性本同，只气禀异。如水无有不清，倾放白碗中是一般色，及放黑碗中又是一般色，放青碗中又是一般色。（朱熹《朱子语类》卷四）

[6] 天只生得许多人物，与你许多道理。然天却自做不得，所以生得圣人为之修道立教，以教化百姓，所谓"裁成天地之道，辅相天地之宜"是也。盖天做不得底，却须圣人为他做也。（朱熹《朱子语类》卷十四）问："'天必命之以为亿兆之君师'，天如何命之？"曰："只人心归之，便是命。"（朱熹《朱子语类》卷十四）

应对、进退），甚至比较基础的专业技术能力（如射、御），基础的文化知识，如书、数。这里的书不只是写字、认字，还包括训诂等基础知识[1]。到了十五岁，绝大部分身份尊贵的王公贵族子弟和一些优秀的民间学生会进入大学，深入学习修身、治国、平天下等思想[2]。

朱熹认为，小学与大学不同，小学主要教学生知其然，大学则主要教学生知其所以然[3]。如果说小学教育是为了让百姓变得淳朴，大学教育则是为了培养出修身、治国都合格的优秀人才。通过这样的教育体系，百姓的修养大为提高，精英人才大量涌现，整个社会十分和谐。因此，夏、商、周三个朝代成为儒家推崇的理想时代。

到了春秋后期，社会开始动荡不安，周朝衰败，教育体系随之坍塌，民风也因之大变。孔子正是生于这个教育体系被废弃的时代。好在夏、商、周三个朝代有关教育的文章尚在，大学教育的精神才得以窥见。孔子得以私下延续三代之遗教。于是，"三千之徒，盖莫不闻其说，而曾氏之传独得其宗，于是作为传义，以发其意"（朱熹《大学章句序》）。这才有了《礼记》一书，有了《大学》一文，三代的教育才得以在民间短暂复兴。只可惜，孟子以后，三代的教育方法又失传了，儒家学者或沉浸于小学，或转而研究道家、佛教学说。一直到北宋时代，二程才开始上接孟子，将《大学》从《礼记》中独立出来并加以整理、阐释，使后人得以窥见古代大学的教人之法。

到朱熹时代，古代教育系统还没有完全恢复，致使一些人只知小学，不知大学，另一些人没有小学的基础就直接学习大学。对于后者，朱熹批评其是无

---

[1] 元性问："礼、乐、射、御、书、数。书，莫只是字法否？"曰："此类有数法，如'日月'字，是象其形也；'江河'字，是谐其声也；'考老'字，是假其类也。如此数法，若理会得，则天下之字皆可通矣。"（朱熹《朱子语类》卷七）

[2] 三代之隆，其法寖备，然后王宫、国都以及闾巷，莫不有学。人生八岁，则自王公以下，至于庶人之子弟，皆入小学，而教之以洒扫、应对、进退之节，礼乐、射御、书数之文；及其十有五年，则自天子之元子、众子，以至公、卿、大夫、元士之适子，与凡民之俊秀，皆入大学，而教之以穷理、正心、修己、治人之道。此又学校之教、大小之节所以分也。（朱熹《大学章句序》）

[3] 小学是事，如事君，事父，事兄，处友等事，只是教他依此规矩做去。大学是发明此事之理。（朱熹《朱子语类》卷七）

源之水、无本之木[1]。朱熹认为，解决这个问题的方法有两种。一是补足小学的功夫再进行大学的学习[2]。二是"持敬"以补小学功夫的不足。小学与大学虽然不同，但毕竟都是从不同角度处理相同的事情[3]。而敬的功夫贯穿始终[4]，所以通过持敬，收敛自心，端正容貌，也能弥补小学的不足[5]。

通过小学和大学的教育就可能使人们恢复其与生俱来的善之本性，成为儒家的君子、圣贤。当然，这种教育系统只是对普通人而言的，对于资质特别好的人，如孔子，他无需通过《大学》中的穷理、格物、致知等一系列过程就能恢复其本性[6]。

与朱熹一样，王阳明（1472—1529）也认为，人的本性是先天赋予的[7]，

---

[1] 古人自入小学时，已自知许多事了；至入大学时，只要做此工夫。（朱熹《朱子语类》卷七）今人小学都不曾去学，却欲便从大学做去。且如今格一物，若自家不诚不敬，诚是不欺不妄；敬是无怠慢放荡。才格不到，便弃了，又如何了得！（朱熹《朱子语类》卷十八）

[2] "古人自能食能言，便已教了，一岁有一岁工夫。至二十时。圣人资质已自有十分。大学只出治光彩。今都蹉过，不能转去做，只据而今当地头立定脚做去，补填前日欠阙，栽种后来合做底。如二十岁觉悟，便从二十岁立定脚力做去；三十岁觉悟，便从三十岁立定脚力做去。"（朱熹《朱子语类》卷七）

[3] 问："大学与小学，不是截然为二。小学是学其事，大学是穷其理，以尽其事否？"曰："只是一个事。小学是学事亲，学事长，且直要会那事。大学是就上面委曲详究那理，其所以事亲是如何，所以事长是如何。"（朱熹《朱子语类》卷七）

[4] "敬"字是彻头彻尾工夫。自格物、致知至治国、平天下，皆不外此。（朱熹《朱子语类》卷十七）

[5] 持敬以补小学之阙。小学且是拘检住身心，到后来'克己复礼'，又是一段事。（朱熹《朱子语类》卷十七）"恭主容，敬主事。有事著心做，不易其心而为之，是敬。恭形于外，敬主于中。自诚身而言，则恭较紧；自行事而言，则敬为切。"（朱熹《朱子语类》卷六）初学则不如敬之切，成德则不如恭之安，敬是主事。然专言，则又如"修己以敬"，"敬以直内"。只偏言是主事。恭是容貌上说。（朱熹《朱子语类》卷六）

[6] 人多教践履，皆是自立标置去教人。自有一般资质好底人，便不须穷理、格物、致知。此圣人作今《大学》，便要使人齐入于圣人之域。（《朱子语类》卷十七）

[7] 夫心之体，性也；性之原，天也。能尽其心，是能尽其性矣。（王阳明《传习录》一三四）

生来就是善的[1]。只是由于气质的因素以及后天习性的污染，才产生了恶[2]。但与朱熹不同，王阳明认为，一切东西都要通过心才能得以呈现，心外无物、心外无理、心外无气（参见正文格物、致知部分的阐释）。物是心之所在；理是人的良知，理在物则为性[3]；气是性的流行[4]。理、性、气不可分[5]。因此，去除恶以恢复人的仁、义、礼、智之善性[6]，应从直接从心着手，辅之以小学和大学的教育。与朱熹对小学、大学的看法不同，王阳明认为，不管小学教育还是大学教育，其实质都是为了致良知。二者只有程度的不同，没有朱熹所谓知其然与知其所以然的区别。小孩见了长辈就知道行礼，这是良知的呈现[7]，《大学》所谓的致知也是使良知呈现，没有什么知其然与知其所以然的区别。这里，

---

[1] 至善者性也。性元无一毫之恶，故曰至善。止之，是复其本然而已。（王阳明《传习录》九一）

[2] "夫子说'性相近'，即孟子说'性善'，不可专在气质上说。若说气质，如刚与柔对，如何相近得？惟性善则同耳。人生初时，善原是同的。但刚的习于善则为刚善，习于恶则为刚恶；柔的习于善则为柔善，习于恶则为柔恶，便日相远了。"（王阳明《传习录》三三四）

[3] 朱本思问："人有虚灵，方有良知。若草木瓦石之类，亦有良知否？"先生曰："人的良知，就是草木瓦石的良知。若草木瓦石无人的良知，不可以为草木瓦石矣。岂惟草木瓦石为然？天地无人的良知，亦不可为天地矣。盖天地万物与人原是一体，其发窍之最精处，是人心一点灵明。风、雨、露、雷、日、月、星、辰、禽、兽、草、木、山、川、土、石，与人原只一体。故五谷禽兽之类，皆可以养人；药石之类，皆可以疗疾，只为同此一气，故能相通耳。"（王阳明《传习录》二七四）

[4] 问仙家元气、元神、元精。先生曰："只是一件：流行为气。凝聚为精，妙用为神。"（王阳明《传习录》五七）"生之谓性"，"生"字即是"气"字，犹言气即是性也。气即是性。人生而静，以上不容说，才说气即是性，即已落在一边，不是性之本原矣。孟子"性善"，是从本原上说。然性善之端须在气上始见得，若无气，亦无可见矣。恻隐、羞恶、辞让、是非即是气，程子谓"论性不论气，不备；论气不论性，不明"，亦是为学者各认一边，只得如此说。若见得自性明白时，气即是性，性即是气，原无性气之可分也。（王阳明《传习录》一五〇）

[5] 若见得自性明白时，气即是性，性即是气，原无性气之可分也。（王阳明《传习录》一五〇）理者气之条理，气者理之运用；无条理则不能运用，无运用则亦无以见其所谓条理者矣。（王阳明《传习录》一五三）

[6] 澄问："仁、义、礼、智之名，因已发而有"。曰："然"。他日，澄曰："恻隐、羞恶、辞让、是非，是性之表德邪？"曰："仁、义、礼、智也是表德。性一而已：自其形体也，谓之天；主宰也，谓之帝；流行也，谓之命；赋于人也，谓之性；主于身也，谓之心。"（王阳明《传习录》三八）

[7] 门人有言邵端峰论童子不能格物，只教以洒扫应对之说。先生曰："洒扫应对就是一件物，童子良知只到此。便教去洒扫应对，就是致他这一点良知了。又如童子知畏先生长者，此亦是他良知处。故虽嬉戏中，见了先生长者，便去作揖恭敬，是他能格物以致敬师长之良知了。童子自有童子的格物致知。"（王阳明《传习录》三一九）

王阳明自然也是针对普通人而言的。圣人生而知之，无需经过这种系统的学习。

理气说是朱熹理论的基础，是新古典儒家（宋明儒学）对古典儒家（孔子、孟子、荀子）的创新之处。古典儒学的创始人孔子的思想核心是仁，实现仁的两翼则是心和礼，所谓"七十而从心所欲，不逾矩"（《论语·为政》），其中的"矩"即礼。孔子的礼主要涉及的是社会领域，荀子的礼虽然涉及自然，但缺乏有力的论证。汉代董仲舒引入天人感应、阴阳五行学说论证儒家思想，成功地让汉武帝独尊儒术。但是，在后世玄学思想和佛教思想的冲击下，董仲舒的理论显得说服力不足，儒家思想出现了逐渐退出中心的趋势。以朱熹为代表的程朱理学引入所以然之理的概念以论证古典儒家的礼（理的概念则是由程颢提出的："天理二字却是自家体贴出来。"但朱熹是理学思想体系的集大成者）。由于所以然之理是事物产生的原因，理与物的关系就建立在因果关系上了。用因果关系论证自己的理论，就使得朱熹的理论具有非常强的说服力。不仅玄学无力反驳——新古典儒学的创始人周敦颐吸收了道家思想，而且佛教也无力反驳，因果关系就是佛教因缘关系的一种形态。从此，程朱理学成了中国文化的真正主流，到今天还在间接地左右人们的思想。

这里需要说明的是，朱熹的理不同于柏拉图的理念。虽然柏拉图的理念与朱熹的理一样，都是事物的所以然。但柏拉图的理念指事物中不变的本质，朱熹的理指仁、义、礼、智等伦理之理，且人的仁、义、礼、智不可言说，只能通过恻隐、羞恶等体现。有人认为，朱熹所引用的"今日格一件，明日又格一件，积习既多，然后脱然有贯通处"的方法近似柏拉图的顿悟法。这也是不对的。柏拉图的顿悟法是通过类似归纳的方式发现理念，如我们从个别人的身体美瞥见不同人身体间相似的美，从个别制度美瞥见制度间相似的美，从个别知识美到知识间相似的美，然后突然顿悟从知识美瞥见美的理念。理念是无限的，不同的理念之间是有等级的（参见柏拉图《会饮篇》篇）。而朱熹的"脱然贯通"的是天地万物同一之理，只包括仁义礼智之理，或仁义礼智信之理。此外，柏拉图的顿悟法并没有解决如何找到理念的问题。直到胡塞尔提出本质直观的方法才有了相对合理的答案（见后文）。其实，朱熹和王阳明思想不仅与以理念为核心的西方主流哲学不同，而且与西方的相对主义和怀疑主义也不同。首先，朱熹和王阳明的思想不同于古希腊的相对主义。相对主义只承认自己的感知，不承认有共通的感知。与之不同，朱熹认为物必有其理。而理是客观的。王阳明的理也是共通的。因此，他们二人都不同于相对主义。其次，朱熹和王阳明的思想不同于西方意义上的怀疑主义。怀疑主义认为心的呈现与物的显现之间存在巨大的鸿沟。而朱熹和王阳明认为，天地间根本不存在不可知的东西，且我们所知的东西就是天地万物本身。更为重要的，相对主义和怀疑主义所处的背景是理念，而朱熹、王阳明的思想只涉及日常世界。

与朱熹引理入儒家一样，王阳明引入心外无物、心外无理也是对古典儒家的创新，丰富了古典儒家"从心所欲不逾矩"之"心"的内涵。虽然孔子和孟子都重视心，但是，他们都没有提出心外无物的思想。儒家学者陆九渊说他的"宇宙便是吾心，吾心即是宇宙"思想源于对孟子的领悟。但首先提出并系统论证心外无物思想的是佛教的唯识宗和天台宗，陆九渊很可能借鉴了佛教思想。王阳明认为陆九渊的思想过于粗糙，因而他以比较细致的方式建立了较为严密的心学思想体系。由于王阳明引入了唯识论式的心外无物、心外无理思想，后期还引入了无物思想，使得佛教和建立在道家无物思想之上的玄学都无从反驳，从而让陆王心学成了儒家的另一翼。

从此，新古典儒家形成了理学派和心学派两个对立的体系。这两种理论构成理论上的完整性：以物为主的理论（朱熹）、以心为主的理论、心物合一的理论。因此，后人很难在这两种思想之外建立第三种儒家思想。我们学习古典儒家思想只能通过这两个思想入门。

需要注意的是，朱熹和王阳明从道家和佛教那里引入思想资源，只是为了论证其伦理性的思想，而不是为了建立类似西方本体论或认识论的理论。朱熹的理论中虽然有气这种非伦理性的概念，但这是为了论证天地万物，包括人，都天生具有仁、义、礼、智等伦理性特征。王阳明虽然引入了心外无理、心外无物的思想，但他是为了论证人的本性是善的，良知不在心外，恶也不在心外。非良知的行为被当作末节忽略不计。朱熹和王阳明这种建立理论的方式是儒家思想的特征。

当然，朱熹的理气说还存在一些问题。首先，气是怎么出现了清与浊的？

朱熹没有做技术性的说明，只是用比喻的方式说，清浊之气的形成就像熔炉炼铁一样，练好的铁聚在一起，渣滓聚在一起[1]。其次，浊气是怎样禁锢理的？朱熹也没有做技术性的说明，只是解释说，这是由于人或物的五行之偏所形成的。如果人或物的五行缺少一行，那么相关的理就没有安顿处，就会形成恶。如某人浑身都是恻隐而没有是非，这就是恶了[2]。

王阳明将遮蔽理的原因归于习心。人有习心就会产生过与不及，从而遮蔽理，产生恶[3]。这似乎解决了朱熹的问题。但既然心外无理、心外无气，理与气又是什么关系呢？实际上，在王阳明的体系中，气没有什么重要位置，没有气一样会有理。这就会引出理在哪里"挂搭"的问题，也是明清儒家学者批评王阳明的地方。

本体论研究的是休谟所谓的实然问题，伦理理论研究的是休谟所谓的应然问题。实然推不出应然。二者之间鸿沟相隔。但应然问题如果不建立在实然之上，是没有说服力的。因此，如何合理地在实然与应然之间建起一座桥梁是儒家思想不断面临的问题。

为了便于对照，我们将朱熹和王阳明二人的主要差别列表如下。

---

[1] 物之生，必因气之聚而後有形，得其清者为人，得其浊者为物。假如大炉镕铁，其好者在一处，其渣滓又在一处。（朱熹《朱子语类》卷十七）

[2] 金木水火土虽曰"五行各一其性"，然一物又各具五行之理，不可不知。（朱熹《朱子语类》卷一）问："人具五行，物只得一行？"曰："物亦具有五行，只是得五行之偏者耳。"（朱熹《朱子语类》卷四）问："虎狼之父子，蜂蚁之君臣，豺獭之报本，睢鸠之有别，物虽得一偏，然彻头彻尾得义理之正。人合下具此天命之全体，乃为物欲、气禀所昏，反不能如物之能通其一处而全尽，何也？"曰："物只有这一处通，便却专。人却事事理会得些，便却泛泛，所以易昏。"（朱熹《朱子语类》卷十七）气质之清者、正者，得之则全，人是也；气质之浊者、偏者，得之则昧，禽兽是也。（朱熹《朱子语类》卷四）所谓偏是指得仁、义、礼、智、信之偏，"如人浑身都是恻隐而无羞恶，都羞恶而无恻隐，这个便是恶德。这个唤做性邪不是？如墨子之心本是恻隐，孟子推其弊，到得无父处。"（朱熹《朱子语类》卷十七）性只是理。然无那天气地质，则此理没安顿处。但得气之清明则不蔽锢，此理顺发出来。蔽锢少者，发出来天理胜；蔽锢多者，则私欲胜，便见得本原之性无有不善。（朱熹《朱子语类》卷四）

[3] 问："先生尝谓'善恶只是一物'。善恶两端，如冰炭相反，如何谓只一物？"先生曰："至善者，心之本体。本体上才过当些子，便是恶了。不是有一个善，却又有一个恶来相对也。故善恶只是一物。"直因闻先生之说，则知程子所谓"善固性也，恶亦不可不谓之性"。又曰："善恶皆天理。谓之恶者本非恶，但于本性上过与不及之间耳。"其说皆无可疑。（王阳明《传习录》二二八）

	朱熹	王阳明
理	物之所以然。	理不在心外，是良知的呈现。
气	气、质是构成物和人的材料。	气是性的流行，气即是性。
理气关系	（理与气）此本无先后之可言。然必欲推其所从来，则须说先有是理。然理又非别为一物，即存乎是气之中；无是气，则是理亦无挂搭处。气则为金木水火，理则为仁义礼智。（朱熹《朱子语类》卷一）	气即是性，性即是气，原无性、气之可分也。（王阳明《传习录》一五〇） 理者，气之条理；气者，理之运用。（王阳明《传习录》一五三）
教育 同	借助小学、大学之力恢复人善的本性。	
教育 异	小学教人知其然，大学教人知其所以然。	小学、大学都是教人致良知。二者只有程度的不同。

1. 大学⁽¹⁾之道⁽²⁾，在明明德⁽³⁾，在亲⁽⁴⁾民，在止⁽⁵⁾于至善⁽⁶⁾。

（1）大学：大人之学也（朱熹《大学章句集注》），与小学相对。

（2）道：宗旨，原则。

（3）明明德：明，明之也。明德者，人之所得乎天，而虚灵不昧，以具众理而应万事者也。但为气禀所拘，人欲所蔽，则有时而昏；然其本体之明，则有未尝息者。故学者当因其所发而遂明之，以复其初也。（朱熹《大学章句集注》）天理即是明德，穷理即是明明德（王阳明《传习录》七）。第一个"明"字是动词，意为使……显明。明德意为灵明的德性，光明的德性。

（4）亲：程子曰，亲，当作"新"。新者，革其旧之谓也（朱熹《大学章句集注》）。"亲民"犹孟子"亲亲仁仁"之谓……又如孔子言"修己以安百姓"，"修己"便是"明明德"；"安百姓"便是"亲民"。说"亲民"便是兼教养意。说"新民"便觉偏了。（王阳明《传习录》一）。"新"意为使……新。新民意为弃旧图新，去恶就善。亲意为亲近，保护。

（5）止：止者，必至于是而不迁之意（朱熹《大学章句集注》）。止之，是复其本然而已（王阳明《传习录》九一）。达到。

（6）至善：事理当然之极也。言明明德、新民，皆当至于至善之地而不迁（朱熹《大学章句集注》）。至善者性也。性元无一毫之恶，故曰至善（王阳明《传习录》九一）。彻底的善，最高的善。

译文：

大学之道在于使人明了自己虚灵不昧的德性，在于亲近、爱护百姓，在于达到至善之境。

解说：

为了让读者对《大学》有直观的了解，在解说《大学》正文之前，我们先将《大学》的结构图示如下。

经：什么是三纲、什么是八目以及三纲八目之间、八目内部的关系。	三纲	在明明德，在亲（新）民，在止于至善。
	八目与三纲之间的关系	古之欲明明德于天下者，先治其国；欲治其国者，先齐其家；欲齐其家者，先修其身；欲修其身者，先正其心；欲正其心者，先诚其意；欲诚其意者，先致其知；致知在格物。
	八目之间的关系	物格而后知至，知至而后意诚，意诚而后心正，心正而后身修，身修而后家齐，家齐而后国治，国治而后天下平。
传：详细阐明三纲、八目的含义。		阐发明明德、亲（新）民、止至善、格物、致知、诚意、正心、修身、齐家、治国、平天下等十一个环节的含义。

在《大学章句集注》中，朱熹将《大学》分为经和传两个部分。经的部分提出三纲、八目，传的部分则对三纲、八目一一进行阐发。纲本义指渔网上的总绳，借指事物的关键。目本义指渔网上的网眼，指事物的次关键部分。《大学》的三纲指明明德、亲（新）民、止于至善，八目是指格物、致知、诚意、正心、修身、齐家、治国、平天下。

这一小部分提出三纲。

我们先将朱熹、王阳明对明明德、亲（新）民、止于至善及其关系的不同理解图示如下。

		朱熹	王阳明
明明德	同	明德：人之所得乎天，而虚灵不昧，以具众理而应万事者也。（《大学章句集注》）	明德：天理即是明德。（《传习录》七）明德是此心之德。（《传习录》七五）
	异	如何明明德：程子谓："今日格一件，明日又格一件，积习既多，然后脱然有贯通处。"。（《朱子语类卷十八》）	如何明明德：大学工夫即是明明德。明明德只是个诚意。诚意的工夫只是格物、致知。（《传习录》三五）
亲民或新民		新者，革其旧之谓也，言既自明其明德，又当推以及人，使之亦有以去其旧染之污也。（《大学章句集注》）	"君子贤其贤而亲其亲。小人乐其乐而利其利"、"如保赤子"……皆是"亲"字意。"亲民"犹孟子"亲亲仁民"之谓。亲之即仁之也。（《传习录》一）
止于至善		止者，必至于是而不迁之意。至善，则事理当然之极也。言明明德、新民，皆当至于至善之地而不迁。（《大学章句集注》）	至善者性也。性元无一毫之恶，故曰至善。止之，是复其本然而已。（《传习录》七七）
三纲之间的关系		明明德、新民至极才能达到止于至善，核心明明德，标准是止于至善。明德，新民，便是节目；止於至善，便是规模之大。明德、新民，皆当止於至善。（朱熹《朱子语类》卷十四）不及於止，则是未当止而止；当止而不止，则是过其所止；能止而不久，则是失其所止。（朱熹《朱子语类》卷十四）不是自家德未明，便都不管著别人，又不是硬要去新他。（朱熹《朱子语类》卷十四）	达到明明德、亲民、止于至善其一就达到其三，核心是明明德。自格物致知至平天下，只是一个明明德。虽亲民亦明德事也。明德是此心之德。（《传习录》七五）至善是心之本体。只是明明德到至精至一处便是。然亦未尝离却事物。（《传习录》二）只说明明德而不说亲民，便似老佛（《传习录》七六）。

前文说过，朱熹认为，在没有物之先，先就有物之所以然之天理。所以然之理的总名就是儒家所谓的道（如《中庸》所谓"率性之谓道"等）[1]。从个

---

[1] 道是统名，理是细目。（朱熹《朱子语类》卷六）

人自身角度而言，就是"明明德"之德[1]，包括仁、义、礼、智[2]，见之于心则为恻隐、羞恶、恭敬、是非[3]。因此，明德就是存在于心中的许多道理[4]，是人之本性[5]。"明明德"的第一个"明"字做动词用，意为使……显明，第二个"明"字意为"虚灵不昧"的意思（朱熹《大学章句集注》），"孩提之童，无不知爱其亲；及其长也，无不知敬其兄"。（朱熹《朱子语类》卷十四）天理必须有"挂搭"处。这个"挂搭"处就是气质。有气就会形成气质之性，普通人的气质是非精英性的，会禁锢理，因而明德就不明了[6]。为此，就要去除禁锢以恢复上天赋予的明德[7]，即明明德。因此，《大学》开头就写道："大学之道，在明明德。"

如何才能明明德呢？首先要知道自己有天生的明德，其次要时刻警惕自己

---

[1] 道者，人之所共由；德者，己之所独得。（朱熹《朱子语类》卷六）

[2] 问："仁与道如何分别？"曰："道是统言，仁是一事。如道路之道，千枝百派，皆有一路去。故《中庸》分道德曰，父子、君臣以下为天下之达道，智、仁、勇为天下之达德。君有君之道，臣有臣之道。德便是个行道底。故为君主于仁，为臣主于敬。仁敬可唤做德，不可唤做道。"（朱熹《朱子语类》卷六）或问："明德便是仁义礼智之性否？"曰："便是。"（朱熹《朱子语类》卷十四）

[3] 以其体言，则有仁义礼智之实；以其用言，则有恻隐、羞恶、恭敬、是非之实。（朱熹《朱子语类》卷六）

[4] 曾兴宗问："如何是'明明德'？"曰："明德是自家心中具许多道理在这里。本是个明底物事，初无暗昧，人得之则为德。如恻隐、羞恶、辞让、是非，是从自家心里出来，触著那物，便是那个物出来，何尝不明。缘为物欲所蔽，故其明易昏。如镜本明，被外物点汙，则不明了。少间磨起，则其明又能照物。"（朱熹《朱子语类》卷十四）

[5] 天之赋于人物者谓之命，人与物受之者谓之性，主于一身者谓之心，有得于天而光明正大者谓之明德。（朱熹《朱子语类》卷十四）

[6] 或问："'明明德'，是于静中本心发见，学者因其发见处从而穷究之否？"曰："不特是静，虽动中亦发见。孟子将孺子将入井处来明这道理。盖赤子入井，人所共见，能于此发端处推明，便是明。盖人心至灵，有什么事不知，有什么事不晓，有什么道理不具在这里。何缘有不明？为是气禀之偏，又为物欲所乱。如目之于色，耳之于声。口之于味，鼻之于臭，四肢之于安佚，所以不明。"（朱熹《朱子语类》卷十四）

[7] 明德，谓本有此明德也。"孩提之童，无不知爱其亲；及其长也，无不知敬其兄"。其良知、良能，本自有之，只为私欲所蔽，故暗而不明。所谓"明明德"者，求所以明之也。譬如镜焉：本是个明底物，缘为尘昏，故不能照；须是磨去尘垢，然后镜复明也。"在新民"，明德而后能新民。（朱熹《朱子语类》卷十四）

所存在的恶，并及时去除[1]。朱熹举例说，明明德就像擦镜子。我们在擦镜子时，既要知道镜子本身是明亮的，又要随时知道镜子是否有灰尘并时时擦拭以接续其光明[2]。在这个比喻中，镜子之亮隐喻人与生俱来的善之本性，即明德，它不是由磨而来的（不是靠人的努力而来的），而是人生来就具有的。灰尘就是善恶之恶。擦拭灰尘使镜子恢复其映像的功能，就是"明明德"。

具体而言，普通人"明明德"的方法有两种，一是通过读书，二是从事情中领会，即从自己能理会的事情着手。书上有的，当然可以通过书本学习。书上没有的，只能在事上"理会"了[3]，朱熹引用《孟子》的一个故事对此加以说明。一头老牛将被杀祭祀，因而非常恐惧。当这头老牛经过齐宣王面前时，齐宣王一见老牛那恐惧的样子就生出了恻隐之心。于是，他命人放过了老牛，由一头羊替代[4]。在这个故事中，齐宣王看到恐惧的老牛而生起的恻隐之心，是他生而具有的仁之性的表现。这种仁之性在此之前一直就存在，只不过由于气质禀赋的原因，呈现齐宣王仁之性的恻隐之心被禁锢了。当他看到那头恐惧的老牛

---

[1] "明明德"，如人自云，天之所与我，未尝昏。只知道不昏，便不昏矣。（朱熹《朱子语类》卷十四）为学只"在明明德"一句。君子存之，存此而已；小人去之，去此而已。一念竦然，自觉其非，便是明之之端。（朱熹《朱子语类》卷十四）

[2] 或以"明明德"譬之磨镜。曰："镜犹磨而后明。若人之明德，则未尝不明。虽其昏蔽之极，而其善端之发，终不可绝。但当於其所发之端，而接续光明之，令其不昧，则其全体大用可以尽明。且如人知己德之不明而欲明之。只这知其不明而欲明之者，便是明德，就这里便明将去。"（朱熹《朱子语类》卷十四）友仁云："此'明德'乃是人本有之物，只为气禀与物欲所蔽而昏。今学问进修，便如磨镜相似。镜本明，被尘垢昏之，用磨擦之工，其明始现。及其现也，乃本然之明耳。"曰："公说甚善。但此理不比磨镜之法。"先生略抬身，露开两手，如闪出之状，曰："忽然闪出这光明来，不待磨而后现，但人不自察耳。如孺子将入於井，不拘君子小人，皆有怵惕、恻隐之心，便可见。"（朱熹《朱子语类》卷十四）

[3] 问："所谓明德，工夫也只在读书上？"曰："固是在读书上。然亦不专是读书，事上也要理会。书之所载者，固要逐件理会。也有书所不载，而事上合当理会者；也有古所未有底事，而今之所有当理会者极多端。"（朱熹《朱子语类》卷十四）问："明之之功，莫须读书为要否？"曰："固是要读书。然书上有底，便可就书理会；若书上无底，便着就事上理会；若古时无底，便着就而今理会。"（朱熹《朱子语类》卷十四）

[4] 这处正如齐宣王爱牛处一般：见牛之觳觫，则不忍之心已形於此。若其以衅钟为不可废而复杀之，则自家不忍之心又只是空。所以以羊易之，则已形之良心不至於窒塞，而未见之羊，杀之亦无害，是乃仁术也。术，是做得巧处谓之术。（朱熹《朱子语类》卷十五）

时，恻隐之心突然呈现出来，即"明明德"了。只可惜，齐宣王虽然对这头牛产生了恻隐之心，但没有将其发扬光大，没有推及齐家、治国、平天下的方方面面，以做到彻底的明明德。齐宣王如果能将这种恻隐之心"推而事父孝，事君忠，推而齐家、治国、平天下"（《朱子语类》卷十四），他就能恢复自身的本性[1]，彻底做到"明明德"了。在这里，齐宣王是从恻隐之心入手明明德的。在日常生活中，我们还可以从羞恶之心、辞逊之心、是非之心入手，同样能达到彻底明明德的目的，"恻隐、羞恶、辞逊、是非等，此是心中元有此等物。发而为恻隐，这便是仁；发而为羞恶，这便是义；发而为辞逊、是非，便是礼、智。"（朱熹《朱子语类》卷十四）恻隐、羞恶、辞逊、是非分别是仁、义、礼、智的具体体现[2]。

当我们明明德之后，还要帮助他人明明德[3]，即自新以新民，这就是新民的含义[4]。因此，二程和朱熹都认为，古文《大学》中的"亲民"只是亲近百姓、爱护百姓，是不到位的，应将"亲民"变为"新民"，即我们不仅要自身明明德，还要让百姓明明德。只有当我们自己明明德达到至善，新民也达到至善，才达

---

[1] 朱熹没有刻意将恻隐之心和心之理作严密的区分。恻隐之心是从心灵活动而言的，心之理则是从心灵认识的内在对象而言的，"所觉者，心之理也；能觉者，气之灵也"（朱熹《朱子语类》卷五）。

[2] 明德，是我得之于天，而方寸中光明底物事。统而言之，仁义礼智。以其发见而言之，如恻隐、羞恶之类；以其见于实用言之，如事亲、从兄是也。如此等德，本不待自家明之。但从来为气裹所拘，物欲所蔽，一向昏昧，更不光明。而今却在挑剔揩磨出来，以复向来得之于天者，此便是"明明德"。（朱熹《朱子语类》卷十四）

[3] 新者，革其旧之谓也，言既自明其明德，又当推以及人，使之亦有以去其旧染之污也。（朱熹《大学章句集注》）

[4] 问："明德新民，在我有以新之。至民之明其明德，却又在它？"曰："虽说是明己德，新民德，然其意自可参见。'明明德于天下'，自新以新其民，可知。"（朱熹《朱子语类》卷十四）。

到了《大学》所谓的止于至善[1]。所谓明明德达到就是每件事都尽善尽美[2]。所谓新民达到至善就是"事事皆有至善处"(朱熹《朱子语类》卷十四)。所谓止于至善就是没有达到至善时不可停止取明德、新民,当他人和自己都达到至善之后,就要固守至善[3]。因此,在三纲中,明明德是关键,止于至善则是实现三纲的判断标准[4]。

这里出现一个问题:假如我们明明德了,但明明德还没有达到至善时,我们需要去新民吗?对此,朱熹的回答是,当我们还没有彻底明明德时,一般原则是不去新民,因为只有做到明明德达到至善后,才可能真正做到新民。但如果有机会,可以随缘做些新民的事情[5]。

用朱熹的这个标准来衡量其他人和其他学派,就能对其达到的状态一目了

---

[1] 至善虽不外乎明德,然明德亦有略略明者,须是止於那极至处。(朱熹《朱子语类》卷十四)欲新民,而不止於至善,是"不以尧之所以治民者治民"也。(朱熹《朱子语类》卷十四)"明德、亲新民,皆当止於至善。不及而止,则是未当止而上;当止而不止,则是过其所止;能止而不久,则是失其所止。"问:"既曰明德,又曰至善,何也?"曰:"明得一分,便有一分;明得十分,便有十分;明得二十分,乃是极至处也。"又曰:'明德是下手做,至善是行到极处。"又曰:"至善虽不外乎明德,然明德亦有略略明者,须是止於那极至处。"(朱熹《朱子语类》卷十四)

[2] 至善是个最好处。若十件事做得九件是,一件不尽,亦不是至善。(朱熹《朱子语类》卷十四)君止于仁,臣止于敬,父止于慈,子止于孝,与国人交止于信,此所谓"在止于至善"(朱熹《朱子语类》卷十四)

[3] 说一个"止"字,又说一个"至"字,直是要到那极至处而后止(朱熹《朱子语类》卷十四)。"未至其地,则求其至;既至其地,则不当迁动而之它也"。(朱熹《朱子语类》卷十四)明德,是我得之于天,而方寸中光明底物事。统而言之,仁义礼智。以其发见而言之,如恻隐、羞恶之类;以其见于实用言之,如事亲、从兄是也。如此等德,本不待自家明之。但从来为气禀所拘,物欲所蔽,一向昏昧,更不光明。而今却在挑剔揩磨出来,以复向来得之于天者,此便是"明明德"。我既是明得个明德,见他人为气禀物欲所昏,自家岂不恻然欲有以新之,使之亦如我挑剔揩磨,以革其向来气禀物欲之昏而复得其得之于天者。此便是"新民"。然明德、新民,初非是人力私意所为,本自有一个当然之则,过之不可,不及亦不可。且以孝言之,孝是明德,然亦自有当然之则。不及则固不是,若是过其则,必有刲股之事。须是要到当然之则田地而不迁,此方是"止于至善"。(朱熹《朱子语类》卷十四)

[4] 明德,新民,便是节目;止于至善,便是规模之大。(朱熹《朱子语类》卷十四)

[5] 或问:"明德新民,还须自家德十分明后,方可去新民?"曰:"不是自家德未明,便都不管著别人,又不是硬要去新他。若大段新民,须是德十分明,方能如此。若小小效验,自是自家这里如此,他人便自观感。'一家仁,一国兴仁; 一家让,一国兴让',自是如此。"朱熹《朱子语类》卷十四)

然。佛教和道家虽然都认为自身已经明其德性了，但不屑于新民，因而不符合《大学》对新民的要求。管仲等人虽然知道以政教法度来新民，但没有真正明了其灵明的德性，因而没有达到《大学》的明明德。儒家学者王通虽然既知道明明德，又知道新民，但并没有达到极致，因而没有达到"止于至善"[1]。

由于朱熹的《四书章句集注》自元代起就成了科举考试的官方教材，到了王阳明时代，朱熹的思想已经一统天下，当年与之对立的陆九渊学说已逐渐式微。王阳明出身于读书世家，从小就在朱熹思想的熏陶下成长，二十八岁就考中了进士，对朱熹式的《大学》解读以及朱熹的思想体系非常熟悉。同时，王阳明又十分认同陆九渊"吾心便是宇宙、宇宙便是吾心"的思想（陆九渊《象山先生全集》卷三十六），因而慢慢在朱熹、陆九渊思想的基础上形成了自己的思想体系。但在当时朱熹思想一统天下的背景下，陆九渊的思想难以为人所接受。因此，王阳明如果要将自己不同于朱熹的思想表达出来，并且让世人尽快接受，最好的方法就是在朱熹的思想框架内反驳朱熹。前文说过，朱熹的思想是以《大学》为基础的，《大学》的纲要又是明明德、新民、止于至善。因此，王阳明就对明明德、新民、止于至善及其关系重新进行解释，并在此基础上解读《大学》。

与朱熹一样，王阳明也认为，明德是人生而具有的本性，是天理，是人的良知，具体表现为仁、义、礼、智的善之本性。这四种本性又通过恻隐、羞恶、辞逊、是非体现。由于人的气质有清浊，人的情感有过与不及的偏差，因而会遮蔽人

---

[1] 自谓能明其德而不屑乎新民者，如佛、老便是；不务明其明德，而以政教法度为足以新民者，如管仲之徒便是；略知明德新民，而不求止於至善者，如前日所论王通便是。（朱熹《朱子语类》卷十七）。又有略知二者之当务，顾乃安於小成，因於近利，而不求止於至善之所在者，如前日所论王通之事是也。看他於己分上亦甚修饬，其论为治本末，亦有条理，甚有志於斯世。只是规模浅狭，不曾就本原上著功，便做不彻。须是无所不用其极，方始是。看古之圣贤别无用心，只这两者是吃紧处：明明德，便欲无一毫私欲；亲（新）民，便欲人於事事物物上皆是当。正如佛家说，"为此一大事因缘出见於世"，此亦是圣人一大事也。千言万语，只是说这个道理。若还一日不扶持，便倒了。圣人只是常欲扶持这个道理，教他撑天柱地。（朱熹《朱子语类》卷十七）。

的本性[1]。为此，我们要去除遮蔽以恢复上天赋予的明德，即明明德。因为王阳明与朱熹的思想前提不同，所以，他们对三纲的解读不尽相同。

第一、王阳明不同意二程和朱熹将古本《大学》中的"亲民"改为"新民"。新民的意思是自新而后新百姓，亲民的意思是自新而后亲近百姓、爱护百姓。王阳明说，《大学》后文论述治国、平天下时说，"君子贤其贤而亲其亲，小人乐其乐而利其利，如保赤子；民之所好好之，民之所恶恶之，此之谓民之父母"，阐发的显然是亲民，而不是新民[2]，何况《礼记》中《大学》原文本就是亲民。因此，王阳明反对二程、朱熹的改动。

第二、朱熹、王阳明解读三纲的侧重点也不同。朱熹虽然认为明明德是核心[3]，但是，实现三纲的标准是至于至善。只有当明明德和新民都达到至善，即"止于至善"，才算实现了三纲。而王阳明则认为三纲的核心是明明德。不仅亲民、止于至善属于明明德，格物、致知等八目都属于明明德[4]。当然，王阳明的意思不是说，三纲中只要明明德就行，亲民和止于至善可以去掉，

---

[1] 性一而已。仁义礼知，性之性也；聪明睿知，性之质也；喜怒哀乐，性之情也，私欲客气，性之蔽也。质有清浊，故情有过不及，而蔽有浅深也：私欲客气，一病两痛，非二物也。（王阳明《传习录》一六五）

[2] 爱问："'在亲民'，朱子谓当作'新民'，后章'作新民'之文似亦有据；先生以为宜从旧本作'亲民'，亦有所据否？"先生曰："'作新民'之'新'是自新之民，与'在新民'之'新'不同，此岂足为据？'作'字却与'亲'字相对，然非'亲'字义。下面'治国平天下'处，皆于'新'字无发明，如云'君子贤其贤而亲其亲，小人乐其乐而利其利，如保赤子；民之所好好之，民之所恶恶之，此之谓民之父母'之类，皆是'亲'字意。'亲民'犹孟子'亲亲仁民'之谓，亲之即仁之也……说'亲民'便是兼教养意，说'新民'便觉偏了。"（王阳明《传习录》一）

[3] 问："《大学》之书，不过明德、新民二者而已。其自致知、格物以至平天下，乃推广二者，为之条目以发其意，而传意则又以发明其条目者。要之，不过此心之体不可不明，而致知、格物、诚意、正心，乃其明之工夫耳。"曰："若论了得时，只消'明明德'一句便了，不用下面许多。圣人为学者难晓，故推说许多节目。今且以明德、新民互言之，则明明德者，所以自新也；新民者，所以使人各明其明德也。然则虽有彼此之间，其为欲明之德，则彼此无不同也。譬之明德却是材料，格物、致知、诚意、正心、修身，却是下工夫以明其明德耳。于格物、致知、诚意、正心、修身之际，要得常见一个明德隐然流行于五者之间，方分明。明德如明珠，常自光明，但要时加拂拭耳。若为物欲所蔽，即是珠为泥涴，然光明之性依旧自在。"（朱熹《朱子语类》卷十五）

[4] 自"格物致知"至"平天下"，只是一个"明明德"。虽亲民，亦明德事也。明德是此心之德，即是仁。仁者以天地万物为一体，使有一物失所，便是吾仁有未尽处。（王阳明《传习录》八九）

而是说，明明德、亲民、止于至善是同一事情的三个环节，达到三者之一，自然就做到了其余二者。反之，只要其中一个没有做到，其余二者肯定也存在问题，所以，"只说'明明德'而不说'亲民'，便似老佛"。（王阳明《传习录》九〇）佛教、道教不能亲民，也就没有真正做到明明德。管仲没有明明德，也不会做到真正的亲民[1]。朱熹也说过类似的话，但与王阳明所说的含义不同。朱熹的意思是，真正的明明德不等于新民，彻底明明德后没有彻底新民，就还没有止于至善。

第三，正因为他们二人对三纲关系的理解不完全相同，所以他们对圣人的理解也不一样。朱熹认为，只有先彻底明明德，然后彻底新民，从而止于至善，才会成为儒家的圣人。王阳明则认为，明明德了就亲民了，止于至善了，不一定非要去亲民。因此，朱熹的圣人必须新民，王阳明的圣人侧重于修养自身，不必然包括亲民，更谈不上新民。亲民不过是修养自身过程中的潜在含义之一。

第四，朱熹将"止于至善"之"至"解释为极致，将"止"解释为达到、不迁动的意思。因此，在没有达到至善时要努力达到至善，达到至善后要固守至善。王阳明则认为，"止于至善"不过是回复人自然的本性[2]，明明德就止于至善了，不存在固守的问题。在没有达到至善时，可以采用曾子"吾日三省

---

[1] 曰："无善无恶者理之静。有善有恶者气之动。不动于气，即无善无恶。是谓至善"。曰："佛氏亦无善无恶。何以异？"曰："佛氏着在无善无恶上，便一切都不管。不可以治天下。圣人无善无恶。只是无有作好，无有作恶。不动于气。然遵王之道，会其有极。便自一循天理。便有个裁成辅相。"（王阳明《传习录》一〇一）

[2] 至善者性也。性元无一毫之恶，故曰至善。止之，是复其本然而已。（王阳明《传习录》九一）郑朝朔问："至善亦须有从事物上求者？"先生曰："至善只是此心纯乎天理之极便是。更于事物上怎生求？且试说几件看。"朝朔曰："且如事亲，如何而为温凊之节，如何而为奉养之宜，须求个是当，方是至善。所以有学问思辨之功"。先生曰："若只是温凊之节，奉养之宜，可一日二日讲之而尽，用得甚学问思辨？惟于温凊时，也只要此心纯乎天理之极。奉养时，也只要此心纯乎天理之极。此则非有学问思辨之功，将不免于毫厘千里之缪，所以虽在圣人，犹加'精一'之训。若只是那些仪节求得是当便谓至善，即如今扮戏子，扮得许多温凊奉养得仪节是当，亦可谓之至善矣。"（王阳明《传习录》四）。

吾身"的方法[1]，熟练后自然就能做到"随心所欲不逾矩"（《论语·为政》），而不是一味固守。否则，根本就没有达到至善[2]。

2. 知止[1]而后有定[2]，定而后能静[3]，静而后能安[4]，安而后能虑[5]，虑而后能得[6]。

（1）止：止者，所当止之地，即至善之所在也（朱熹《大学章句集注》）。所止之处。

（2）定：心主这一事，不为他事所乱（朱熹《朱子语类》卷十七）。定于某事，定向。

（3）静：只就心上说（朱熹《朱子语类》卷十七），谓心不妄动（朱熹《大学章句集注》）。安静，心不忘动。

（4）安：谓所处而安。在这里也安，在那边也安，在富贵也安，在贫贱也安，在患难也安（朱熹《朱子语类》卷十七）。安稳。

（5）虑：谓处事精详（朱熹《大学章句集注》）。思虑，考虑。

（6）得：谓得其所止（朱熹《大学章句集注》）。达到至善。

译文：

知道止于至善这个目标，就有确定的志向，志向确定就能心静，心静就能身安，身安就能虑事周详，虑事周详就能达到至善境地。

---

[1] 曾子曰："吾日三省吾身：为人谋而不忠乎？与朋友交而不信乎？传不习乎？"（《论语·学而》）

[2] 一日，论为学工夫。先生曰："教人为学，不可执一偏。初学时心猿意马，拴缚不定，其所思虑，多是人欲一边，故且教之静坐、息思虑。久之，俟其心意稍定，只悬空静守，如槁木死灰，亦无用，须教他省察克治。省察克治之功，则无时而可间，如去盗贼，须有个扫除廓清之意。无事时将好色、好货、好名等私逐一追究，搜寻出来，定要拔去病根，永不复起，方始为快。常如猫之捕鼠，一眼看着，一耳听着。才有一念萌动，即与克去，斩钉截铁，不可姑容，与他方便，不可窝藏，不可放他出路，方是真实用功，方能扫除廓清。到得无私可克，自有端拱时在。虽曰何思何虑，非初学时事。初学必须思省察克治，即是思诚，只思一个天理。到得天理纯全，便是何思何虑矣。"（王阳明《传习录》三九）

解说：

朱熹认为，这一段是解说在实现三纲过程中"做工夫"的效果[1]。

所谓"知止而后有定"，即知道目标在"止于至善"，就明白万物各有其理[2]，从而有确定的志向。前文说过，朱熹认为，想要达到"止于至善"就必须先做到彻底地明明德，然后彻底地做到新民。而明明德就是领悟万物之理。因此，知道目标在"止于至善"，就知道要去贯通天下之理，从而确定自己的志向[3]，不被他事所干扰。那么，还没有贯通天下之理的人怎么做到"有定"呢？朱熹认为，可以先从一件事开始。只要弄通了一件事之理，就可以在这件事上定[4]。因此，定是有深浅的，有彻底明明德之人的定，也有只弄通了一件事之理而没有彻底明明德之人的定。不同的人，定的境界是不同的[5]。知道自己定

---

[1] 问："定、静、安、虑、得与知至、意诚、心正是两事，只要行之有先后。据先生解安、定、虑、得与知至似一般，如何？"曰："前面只是大纲且如此说，后面却是学者用力处。"（朱熹《朱子语类》卷十五） 大學"在明明德，在新民，在止於至善"，此三个大纲，做工夫全在此三句內。下面"知止"五句是說效验如此。上面是服药，下面是說药之效验。正如说服到几日效如此，又服到几日效又如此。（朱熹《朱子语类》卷十五）

[2] 定、静、安颇相似。定，谓所止各有定理；静，谓遇物来能不动；安，谓随所寓而安，盖深于静也。（朱熹《朱子语类》卷十四）"知止而后有定"，必谓有定，不谓能定，故知是物有定说。（朱熹《朱子语类》卷十四）

[3] "知止而后有定"，须是事事物物都理会得尽，而后有定。若只理会得一事一物，明日别有一件，便理会不得。这个道理须是理会得五六分以上，方见得这边重，那边轻，后面便也易了。而今未理会到半截以上，所以费力。须是逐一理会，少间多了，渐会贯通，两个合做一个，少间又七八个合做一个，便都一齐通透了。伊川说"贯通"字最妙。若不是他自会如此，如何说出这字！（朱熹《朱子语类》卷十四）

[4] 问："'知止而后有定'，须是物格、知至以后，方能如此。若未能物格、知至，只得且随所知分量而守之否？"曰："物格、知至也无顿断。都知到尽处了，方能知止有定。只这一事上知得尽，则此一事便知得当止处。无缘便要尽底都晓得了，方知止有定。不成知未到尽头，只恁地鹘突呆在这里，不知个做工夫处！这个各随人浅深。固是要知到尽处方好，只是未能如此，且随你知得者，只管定去。如人行路，今日行得这一条路，则此一条路便知得熟了，便有定了。其它路皆要如此知得分明。所以圣人之教，只要人只管会将去。"又曰："这道理无它，只怕人等待。事到面前，便理会去做，无有不得者。只怕等待，所以说'需者，事之贼也！'"又曰："'需者，事之贼也！'若是等待，终误事去。"又曰："事事要理会。便是人说一句话，也要思量他怎生如此说；做一篇没紧要文字，也须思量他怎生如此做。"（朱熹《朱子语类》卷十四）

[5] 定亦自有浅深：如学者思虑凝定，亦是定；如道理都见得彻，各止其所，亦是定。只此地位已高。（朱熹《朱子语类》卷十四）

的境界，在没有达到彻底的定之前不能止步。

心定于理之后，就不会妄动[1]，对"外物不能摇"（《朱子语类》卷十四），不会"只是东去西走"（《朱子语类》卷十四）。这就是"定而后能静"之"静"。静则自然能安，静指心而言，安指心而言[2]。身安则所处皆当，处事才能深思熟虑。只有深思熟虑，才能处事得当[3]。处置得当，就能达到至善[4]。所以朱熹说，"知止"还只是知道了"止于至善"的目标，"能得"则达到了"止于至善"[5]。

通过这几个环节，我们就知道实现三纲的次序以及每一步所产生的功效。在这几个次序中，朱熹认为，只有知"知止"是功夫，"知止"、"有定"、"能静"、"能安"、"能虑"、"能得"等几个环节之间只有次序，没有功夫[6]，因而可以看作一个环节。此外，如果将其与后文的修身环节联系起来，那么"知止至能得，

---

[1] 定以理言，故曰有；静以心言，故曰能。（朱熹《朱子语类》卷十四）定是理，静在心。既定於理，心便会静。若不定於理，则此心只是东去西走。（朱熹《朱子语类》卷十四）

[2] 静是就心上说，安是就身上说。（《朱子语类》卷十四）在此则此安，在彼则彼安；在富贵亦安，在贫贱亦安。（《朱子语类》卷十四）

[3] 先是自家心安了，有些事来，方始思量区处得当。今人先是自家这里鹘突了，到事来都区处不下。既欲为此，又欲若彼；既欲为东，又欲向西，便是不能虑。然这也从知止说下来。若知其所止，自然如此，这却不消得工夫。若知所止，如火之必热，如水之必深，如食之必饱，饮之必醉。若知所止，便见事事决定是如此，决定著做到如此地位，欠阙些子，便自住不得。（朱熹《朱子语类》卷十四）

[4] 或问定静安虑四节。曰："物格、知至，则天下事事物物皆知有个定理。定者，如寒之必衣，饥之必食，更不用商量。所见既定，则心不动摇走作，所以能静。既静，则随所处而安。看安顿在甚处，如处富贵、贫贱、患难，无往而不安。静者，主心而言；安者，主身与事而言。若人所见未定，则心何缘得静。心若不静，则既要如彼，又要如此，身何缘得安。能虑，则是前面所知之事到得，会行得去。如平时知得为子当孝，为臣当忠，到事亲事君时，则能思虑其曲折精微而得所止矣。"（朱熹《朱子语类》卷十四）

[5] 问："知与得如何分别？"曰："知只是方知，得更是在手。"（朱熹《朱子语类》卷十四）知止，只是知有这个道理，也须是得其所止方是。若要得其所止，直是能虑方得。能虑却是紧要。知止，如知为子而必孝，知为臣而必忠。能得，是身亲为忠孝之事。若徒知这个道理，至於事亲之际，为私欲所汨，不能尽其孝；事君之际，为利禄所汨，不能尽其忠，这便不是能得矣。能虑，是见得此事合当如此，便如此做。（朱熹《朱子语类》卷十四）

[6] 陈子安问："知止至能得，其间有工夫否？"曰："有次序，无工夫。才知止，自然相因而见。只知止处，便是工夫。"（朱熹《朱子语类》卷十四）

是说知至、意诚中间事"(《朱子语类》卷十四),"知止"就是"知至","有定"、"能静"、"能安"、"能虑"、"能得"则是"意诚"的表现。

与朱熹对这几个环节的繁琐解读相比,王阳明的阐释非常简单。因为心外无物、心外无理,所以至善就只在人的自心,不在心外[1]。既然如此,我们只要时刻致良知(明明德),内心就不会受干扰,不受干扰就不会妄动,就能随处而安。随处而安,就能虑事周详。虑事周详则无恶,就达到了至善[2]。

3. 物有本末,事有终始,知所先后(1),则近道(2)矣。

(1)物有本末,事有终始,知所先后:明德为本,新民为末。知止为始,能得为终。本始所先,末终所后。此结上文两节之意(朱熹《大学章句集注》)。夫良知之于节目时变,犹规矩尺度之于方圆长短也。节目时变之不可预定,犹方圆长短之不可胜穷也。(王阳明《传习录》一三九)

(2)道:儒家所谓的道,朱熹指事物之所以然之天理的总名。

译文:

事物有本有末,事情有始有终,知道哪先哪后,就能接近至善之道。

解说:

在朱熹看来,明明德是达到至善之本,新民则是达到至善之末;"知止"(知道止于至善这个目标)是始,"能得"(已经达到至于至善这个目标)是终。本与始就是先,末、终就是后。

在王阳明看来,明明德包含了亲民和止于至善。反之亦然。达到这三者之一,就能达到其余二者。因此,这里的本、始与先是指明明德、亲民、止于至善,

---

[1] 问:"知止者,知至善只在吾心,元不在外也,而后志定?"曰:"然。"(王阳明《传习录》八六)

[2] 问:"知至善即吾性,吾性具吾心,吾心乃至善所止之地,则不为向时之纷然外求,而志定矣。定则不扰扰而静,静而不妄动则安,安则一心一意只在此处,千思万想,务求必得此至善,是能虑而得矣。如此说是否?"先生曰:"大略亦是。"(王阳明《传习录》九二)

末、终与后则是指在明明德的过程中处理具体日常事物所面对的细节问题。对于二者的关系，王阳明说，如果将明明德等三纲比作圆规、直尺，那么明明德所面对的细节就是具体的方圆、长短。掌握了圆规、直尺的用法，具体的方圆、长短就不在话下[1]。

　　王阳明的这种看法是值得商榷的。首先，普通人的明明德是在处理一件件具体事情中实现的，特别是在处理具体事情后的反思中才能真正做到。以孔门中的贤人曾子为例，他明明德也要通过"吾日三省吾身"的方式（《论语·学而》）在处理日常事务中明明德，而且主要是在事后的反思中做到的（"省吾身"）。只有像孔子那种"从心所欲不逾矩"的圣贤才不必在处理具体事情中、不必反思就能明明德。其次，一个人是否做到了明明德，也要在处理具体事情时才能做出判断。如果一个人没有做任何具体事情，我们不能说他已经彻底明明德了。因此，明明德离不开处理具体事情，一个人处理具体事情也是在明明德的眼光下进行的。

　　以上为《大学》一书经的部分。

---

[1] 来书云："道之大端易于明白，所谓良知良能，愚夫愚妇可与及者。至于节目时变之详，毫厘千里之谬，必待学而后知。""道之大端易于明白，此语诚然。顾后之学者，忽其易于明白者而弗由，而求其难于明白者以为学，此其所以'道在迩而求诸远，事在易而求诸难'也。孟子云：'夫道若大路然，岂难知哉？人病不由耳！'良知良能，愚夫愚妇与圣人同。但惟圣人能致其良知，而愚夫愚妇不能致，此圣愚之所由分也。节目时变，圣人夫岂不知？但不专以此为学。而其所谓学者，正惟致其良知，以精察此心之天理，而与后世之学不同耳。吾子未暇良知之致，而汲汲焉顾是之忧，此正求其难于明白者以为学之蔽也。夫良知之于节目时变，犹规矩尺度之于方圆长短也。节目时变之不可预定，犹方圆长短之不可胜穷也。故规矩诚立，则不可欺以方圆，而天下之方圆不可胜用矣；尺度诚陈，则不可欺以长短，而天下之长短不可胜用矣；良知诚致，则不可欺以节目时变，而天下之节目时变不可胜应矣。毫厘千里之缪，不于吾心良知一念之微而察之，亦将何所用其学乎？是不以规矩而欲定天下之方圆，不以尺度而欲尽天下之长短，吾见其乖张谬戾，日劳而无成也已。"（王阳明《传习录》一三九）

第二章 古之欲明明德

4.古之欲明明德于天下者，先治⁽¹⁾其国；欲治其国者，先齐⁽²⁾其家；欲齐其家者，先修其身；欲修其身者，先正其心⁽³⁾；欲正其心者，先诚其意⁽⁴⁾；欲诚其意者，先致其知⁽⁵⁾；致知在格⁽⁶⁾物⁽⁷⁾。

物格⁽⁷⁾而后知至⁽⁸⁾，知至而后意诚，意诚而后心正，心正而后身修，身修而后家齐，家齐而后国治，国治而后天下平。

（1）治：治理。

（2）齐：整治（朱熹《朱子语类》）。治理。

（3）正其心：端正自心。"正"，端正。"心"，身之所主也（朱熹《大学章句集注》），身之主宰便是心（王阳明《传习录》六）。端正自心。

（4）诚其意：实其心之所发，欲其一于善而无自欺也（朱熹《大学章句集注》）；"诚"，实也；"意"，心之所发也（朱熹《大学章句集注》），"心之所发便是意。"（王阳明《传习录》六）意念诚实。

（5）致其知：推极吾之知识，欲其所知无不尽也；"致"，推极也（朱熹《大学章句集注》）；"知"，犹识也（朱熹《大学章句集注》）。"致知"，即心之良知更无障碍，得以充塞流行，便是致其知（王阳明《传习录》八），意之本体便是知（王阳明《传习录》六）。

（6）格：至也（朱熹《大学章句集注》）。"格物"如孟子"大人格君心"

之"格"。是去其心之不正，以全其本体之正（王阳明《传习录》七）。

（7）物：犹事也（朱熹《大学章句集注》）。意之所在便是物（王阳明《传习录》六）。

（8）物格：物理之极处无不到也（朱熹《大学章句集注》）。

（9）知至：吾心之所知无不尽也（朱熹《大学章句集注》）。

译文：

古代那些想要将自己虚灵不昧之德性推之于天下的人，先要治理好自己的国家；想要治理好自己的国家，就要先治理好自己的家庭；想要治理好自己的家庭，就要先修养好自身；想要修养好自身，就要先端正自心；想要端正好自心，就要先使自己意念诚实；要想使意念诚实，就要做到致知；致知在于格物。

物格而后知至；知至，意念就诚实；意念诚实，就能端正自心；自心端正，就能修养好自身；自身修养好，就能治理好家庭；家庭治理好了，就能治理好国家；国家治理好，就能使天下太平。

解说：

这一部分是《大学》的核心，包括两段，朱熹认为，第一段是"《大学》之条目"（朱熹《大学章句集注》），阐述三纲与八目的关系。第二段"指明学者用力处"（朱熹《大学章句集注》），围绕八目展开。八目之中，格物、物致、诚意、正心阐述如何修身、如何明明德；齐家、治国、平天下阐述如何新民[1]。

由于这两段主要围绕八目展开，我们将这两段放在一起进行分析。根据朱熹和王阳明争论的焦点以及《大学》自身的结构，可以将这两段内容分为三个部分，第一部分阐述格物、致知、物格、知至的含义，第二部分阐述格物致知与诚意之间的关系，第三部分阐述八目之间的关系。

我们将朱熹和王阳明对《大学》的不同理解图示如下。

---

[1] 修身以上，明明德之事也；齐家以下，新民之事也（朱熹《大学章句集注》）。

		朱熹思想	王阳明前期思想
基本思想前提	同	人性善。	
	异	物在心外，理在心外。	心外无物，心外无理。
对格物、致知的不同理解		格物：接触物以穷理。 致知：将已知"推极"物。 类比：格物（穷理）、致知是为了擦镜子（心）。	知善知恶是良知，为善去恶是格物。 类比：格物（去恶）本身就是擦镜子（致知）。
对格物致知与诚意关系的理解	先知后行与知行合一	先知后行： 格物、致知是知，诚意是行。只有彻底做到格物、致知才能做到真正的诚意。 "欲诚其意者，先致其知，致知在格物"，因而做到彻底的格物、致知才能做到真正的诚意。	知行合一： 格物、致知是知，诚意是行，知行是同一事情的不同环节，是合一的。 "欲诚其意者，先致其知，致知在格物"。八目都是明明德之事，都包括知和行，知行都是合一的。
八目之间的关系	同	欲诚其意者，先致其知；致知在格物。心者，身之所主也；意者，心之所发也。意诚而后心正，心正而后身修，身修而后家齐，家齐而后国治，国治而后天下平。	
	异	心之体是善的，但浊的气质使之产生恶。物格、知至才能做到真正的意诚。意诚则心正。正心则身修。 齐家、治国、平天下的指导思想是新民。	无善无恶心之体，有善有恶意之动。知善知恶是良知，为善去恶是格物。 齐家、治国、平天下的指导思想是亲民。

第 1 部分　朱熹、王阳明对格物、致知、物格、知至的不同解读

如果说《大学》是治学的纲领，那么八目就是学者用力处[1]。在八目中，齐家、治国、平天下的基础是修身，修身取决于正心，正心的关键是诚意，诚意的前提是致知、格物。其中，修身、正心、诚意属于自我的因素，知与物从常

---

[1] 《大学》是为学纲目。先通《大学》，立定纲领，其他经皆杂说在里许。通得《大学》了，去看他经，方见得此是"格物"、"致知"事；此是"正心"、"诚意"事；此是"修身"事；此是"齐家"、"治国"、"平天下"事。（朱熹《朱子语类》卷十四）

识看则是与自我相对的非自我因素。自我因素与非自我因素是不同的,甚至是对立的。因此,如何理解格物、致知的含义,如何解释格物、致知与诚意之间的关系是解读八目的关键,也是解读三纲乃至《大学》的关键。在这个问题上,朱熹和王阳明是一致的[1]。区别在于他们对格物、致知的含义以及格物、致知与诚意关系的具体解读。这一部分我们先分析他们二人对格物、致知的阐述。

朱熹的基本思想是物在心外,因而朱熹的格物就是格心外之物,格物之格是至、尽的意思[2],格物之物是指我们所接触的一切事物[3]。格物就是格尽天下之物以获知天下之理[4],包括两个方面,一是格尽天下之物,二是通过格物以穷尽事物之理[5]。只要说格物自然就包含穷理。因为理无可捉摸,物容易领悟,所以只说格物[6]。但天下之物是无穷无尽的,怎样才能格尽天下之物呢?朱熹认为,我们不必将这个问题放在心上,只需每天坚持格物,但问耕耘不问收获,

---

[1] 大学首三句说一个体统,用力处却在致知、格物。(朱熹《朱子语类》卷十四)"自'格物致知'至'平天下',只是一个'明明德'。虽亲民,亦明德事也。"(王阳明《传习录》卷八九)"《大学》'明明德'之功,只是个诚意。诚意之功只是个格物。"(王阳明《传习录》六)

[2] 格物。格,犹至也,如"舜格于文祖"之"格",是至于文祖处。(朱熹《朱子语类》卷十五)格物者,格,尽也,须是穷尽事物之理。若是穷得三两分,便未是格物。须是穷尽得到十分,方是格物。(朱熹《朱子语类》卷十五)

[3] 物,谓事物也(朱熹《朱子语类》卷十五)

[4] 穷至事物之理,欲其极处无不到也(朱熹《大学章句集注》)

[5] 格物,是格尽此物。如有一物,凡十瓣,已知五瓣,尚有五瓣未知,是为不尽。如一镜焉,一半明,一半暗,是一半不尽。格尽物理,则知尽。(朱熹《朱子语类》卷十五)

[6] 有物便有理,若无事亲事君底事,何处得忠孝(朱熹《朱子语类》卷十五)。格物,不说穷理,却言格物。盖言理,则无可捉摸,物有时而离;言物,则理自在,自是离不得。释氏只说见性,下梢寻得一个空洞无稽底性,亦由他说,于事上更动不得。(朱熹《朱子语类》卷十五)

格物到一定程度就会自然贯通[1]。一旦贯通，我们就穷尽了天下之理[2]。

当然，在具体的格物过程中，我们不仅要知道事物的大本[3]，而且要知道权变[4]。朱熹以舜娶妻不告父母这件事举例说明。娶妻要有父母之命、媒妁之言。这是正，是理之大本。但舜是被他父亲逐出家门的，如果死守告诉父母才能娶妻的原则，舜就无法娶妻，不娶妻就没有后代。而"不孝有三，无后为大"（《孟

---

[1] 问："伊川说：'今日格一件，明日格一件。'工夫如何？"曰："如读书，今日看一段，明日看一段。又如今日理会一事，明日理会一事，积习多后，自然通贯。"（《朱子语类》卷十八）

[2] 问："格物、穷理之初，事事物物也要见到那里了？"曰："固是要见到那里。然也约摸是见得，直到物格、知至，那时方信得及。"（朱熹《朱子语类》卷十五）穷理者，因其所已知而及其所未知，因其所已达而及其所未达。人之良知，本所固有。然不能穷理者，只是足於已知已达，而不能穷其未知未达，故见得一截，不曾又见得一截，此其所以於理未精也。然仍须工夫日日增加。今日既格得一物，明日又格得一物，工夫更不住地做。如左脚进得一步，右脚又进一步；右脚进得一步，左脚又进，接续不已，自然贯通。（朱熹《朱子语类》卷十八）器远问："格物当穷究万物之理令归一，如何？"曰："事事物物各自有理，如何硬要捏合得！只是才遇一事，即就一事究竟其理，少间多了，自然会贯通。如一案有许多器用，逐一理会得，少间便自见得都是案上合有底物事。若是要看一件晓未得，又去看一样，看那个未了，又看一样，到后一齐都晓不得。如人读书，初未理会得，却不去究心理会。问他易如何，便说中间说话与书甚处相类。问他书如何，便云与诗甚处相类。一齐都没理会。所以程子说，'所谓穷理者，非欲尽穷天下之理，又非是止穷得一理便到。但积累多后，自当脱然有悟处。'此语最亲切。"（朱熹《朱子语类》卷十八）问："知至若论极尽处，则圣贤亦未可谓之知至。如孔子不能证夏商之礼，孟子未学诸侯丧礼，与未详周室班爵之制之类否？"曰："然。如何要一切知得！然知至只是到脱然贯通处，虽未能事事知得，然理会得已极多。万一有插生一件差异底事来，也都识得他破。只是贯通，便不知底亦通将去。"（朱熹《朱子语类》卷十八）问："格物工夫未到得贯通，亦未害否？"曰："这是甚说话！而今学者所以学，便须是到圣贤地位，不到不肯休，方是。但用工做向前去，但见前路茫茫地白，莫问程途，少间自能到。如何先立一个不解做得便休底规模放这里，如何做事！且下手要做十分，到了只做得五六分；下手做五六分，到了只做得三四分；下手做三四分，便无了。且诸公自家里未到建阳，直到建阳方休。未到建阳，半路归去，便是不到建阳。圣贤所为，必不如此。如所谓'君子乡道而行，半途而废。忘身之老也，不知年数之不足也，俛焉日有孳孳，毙而后已'。又曰：'舜为法於天下，可传於后世，我由未免为乡人也，是则可忧也忧之如何？如舜而已矣。'"（朱熹《朱子语类》卷十五）

[3] 问："格物之义，固要就一事一物上穷格。然如吕氏杨氏所发明大本处，学者亦须兼考"。曰："识得，即事事物物上便有大本。不知大本，是不曾穷格也。"（朱熹《朱子语类》卷十五）

[4] 若格物，则虽不能尽知，而事至物来，大者增些子，小者减些子，虽不中，不远矣。（朱熹《朱子语类》卷十五）

子·离娄上》）。因此，舜不告而娶。这是权变[1]。此外，朱熹对格物还有不少关于权变方面的论述，如不能一物未格好，又去格另一物；如果一物真的格不通，那就要换一物[2]。通过各种不同的方法，格尽天下之物，穷尽天下之理，就能成为仁、义、礼、智之人[3]，对君主尽忠，对双亲尽孝，与人相处恰到好处[4]。

朱熹所谓的致知就是将自己所知"推极"到天下之物[5]。"致"是"推极"的意思，知就是我们知道的所以然之理[6]。在致知之前，我们心中原本就存在一定的知——心本来就无所不知[7]。只是由于气质之性的禁锢[8]，不能将我们的

---

[1] 理有正，有权。今学者且须理会正。如娶妻必告父母，学者所当守。至於不告而娶，自是不是，到此处别理会。（朱熹《朱子语类》卷十五）

[2] 穷理者，因其所已知而及其所未知，因其所已达而及其所未达。人之良知，本所固有。然不能穷理者，只是足於已知已达，而不能穷其未知未达，故见得一截，不曾又见得一截，此其所以於理未精也。然仍须工夫日日增加。今日既格得一物，明日又格得一物，工夫更不住地做。如左脚进得一步，右脚又进一步；右脚进得一步，左脚又进，接续不已，自然贯通。（朱熹《朱子语类》卷十八）李尧卿问："延平言穷理工夫，先生以为不若伊川规模之大，条理之密。莫是延平教人穷此一事，必待其融释脱落，然后别穷一事；设若此事未穷，遂为此事所拘，不若程子'若穷此事未得且别穷'之言为大否？"曰："程子之言诚善。穷一事未透，又便别穷一事，亦不得。彼谓有甚不通者，不得已而如此耳。不可便执此说，容易改换却，致工夫不专一也。"（朱熹《朱子语类》卷十八）仁甫问："伊川说'若一事穷不得，须别穷一事'，与延平之说如何？"曰："这说自有一项难穷底事，如造化、礼乐、度数等事，是卒急难晓，只得且放住。且如所说春秋书'元年春王正月'，这如何要穷晓得？若使孔子复生，也便未易理会在。须是且就合理会底所在理会。"（朱熹《朱子语类》卷十八）

[3] 如今说格物，只晨起开目时，便有四件在这里，不用外寻，仁义礼智是也。如才方开门时，便有四人在门里。（朱熹《朱子语类》卷十五）

[4] 事君便遇忠，事亲便遇孝，居处便恭，执事便敬，与人便忠，以至参前倚衡，无往而不见这个道理。（《朱子语类》卷十五）

[5] 推极吾之知识，欲其所知无不尽也（朱熹《大学章句集注》）

[6] 知，犹识也。（朱熹《大学章句集注》）

[7] 格物，是物物上穷其至理；致知，是吾心无所不知。格物，是零细说；致知，是全体说。（朱熹《朱子语类》卷十五）

[8] 致知乃本心之知。如一面镜子，本全体通明，只被昏翳了，而今逐旋磨去，使四边皆照见，其明无所不到。（朱熹《朱子语类》卷十五）

知推广开去使自己对事物之理无所不知[1]。这就需要致知之"致"[2]，如同推开暗室的窗户让光照射进来。

  从朱熹对格物、致知的解读中可以看出，朱熹的格物与致知实际上是同一个事的两个方面[3]。格物是为了致知，致知就是将自己之知（理）"推极"于物。只不过，致知是从自我的角度而言的，格物是从外物的角度而言的[4]。通过格物、致知，就能或穷尽一物之理，或穷尽天下之理[5]，从而达到物格、知至[6]。格物与物格的区别在于，格物虽然想格尽天下之物，但还没有做到。物格则不然，是指已经格尽天下之物了。致知指将自己的有限之知推极万物，同时获得新知。知至指我已尽知天下之理了[7]。格物、致知是在过程中，还没有"豁然贯通"，物格、知至是其最终的结果，已经"豁然贯通"了[8]。"豁然贯通"

---

[1] 他所以下"格"字、"致"字者，皆是为自家元有是物，但为他物所蔽耳。而今便要从那知处推开去，是因其所已知而推之，以至于无所不知也。（朱熹《朱子语类》卷十五）

[2] "致"字，如推开去。譬如暗室中见些子明处，便寻从此明处去。忽然出到外面，见得大小大明。人之致知，亦如此也。"（《朱子语类》卷十五）"致知工夫，亦只是且据所已知者，玩索推广将去。具於心者，本无不足也"。（《朱子语类》卷十五）

[3] 致知、格物，只是一事，非是今日格物，明日又致知。格物，以理言也；致知，以心言也。（朱熹《朱子语类》卷十五）

[4] 只是推极我所知，须要就那事物上理会。致知，是自我而言；格物，是就物而言。若不格物，何缘得知。（朱熹《朱子语类》卷十五）格物者，穷事事物物之理；致知者，知事事物物之理。（朱熹《朱子语类》卷十五）

[5] 守约问："物格、知至，到曾子悟忠恕于一唯处，方是知得至否？"曰："亦是如此。只是就小处一事一物上理会得到，亦是知至"。（朱熹《朱子语类》卷十五）

[6] 上一"致"字，是推致，方为也。下一"至"字，是已至。（朱熹《朱子语类》卷十五）"格物，只是就事上理会；知至，便是此心透彻。"（朱熹《朱子语类》卷十五）"格物，便是下手处；知至，是知得也。"（朱熹《朱子语类》卷十五）

[7] 物格者，物理之极处无不到也。知至者，吾心之所知无不尽也。知既尽，则意可得而实矣，意既实，则心可得而正矣。（朱熹《大学章句集注》）致知，则理在物，而推吾之知以知之也；知至，则理在物，而吾心之知已得其极也。（朱熹《大学章句集注》）

[8] 格物，便是下手处；知至，是知得也。（《朱子语类》卷十五）

获得天下之理后，就可以由理克服自己的私欲[1]，"修治平"此心[2]，使我们彻底明明德[3]。这里需要注意，知至与"知止而后有定"的"知止"不同，"知止"是知事情有其所以然之理，知至是指已经知道了事物的所以然之理[4]。

与朱熹所理解的格物、致知不同，王阳明认为，物和知都不在心外，心外无物、心外无知（理）。心外无物、心外无知的思想来自陆九渊。在陆九渊看来，朱熹这种今日格一物明日格一物的方法不仅支离破碎[5]，而且事倍功半——既然物之理最终要体现于人心，何不直接从人心着手而要通过格外物、穷物之理去治平自心？"真伪先须辨只今"，真伪取决于当下的心而不取决于物。陆九渊说他自己的这种思想是通过阅读《孟子》领悟到的。实际上，孟子并没有明确提出过类似"吾心便是宇宙、宇宙便是吾心"的思想[6]。这种思想出自佛教。陆九渊是否借鉴了佛教的思想，我们这里不加讨论，只分析王阳明对"吾心便是宇宙、宇宙便是吾心"的另一种表达——心外无物、心外无理的含义。

所谓心外无物就是说，如果离开了心，我们就无法知道物。桌子上放着一个杯子，我们是怎么知道的呢？用眼睛看到的。是什么让眼睛看到的呢？当然是我们的心。离开了心，我们就不知道杯子的存在——心外无物。远处传来悦耳的声音，我们是怎么知道这声音的？用耳朵听到的，是什么让耳朵听到的呢？

---

[1] 致知者，推致其知识而至於尽也。将致知者，必先有以养其知。有以养之，则所见益明，所得益固。欲养其知者，惟寡欲而已矣。欲寡，则无纷扰之杂，而知益明矣；无变迁之患，而得益固矣。（朱熹《朱子语类》卷十四）。
[2] 人之一心，本自光明。常提撕他起，莫为物欲所蔽，便将这个做本领，然后去格物、致知。如大学中条目，便是材料。圣人教人，将许多材料来修治平此心，令常常光明耳。（朱熹《朱子语类》卷十五）
[3] 人皆有是知，而不能极尽其知者，人欲害之也。故学者必须先克人欲以致其知，则无不明矣。（朱熹《朱子语类》卷十五）
[4] 知止就事上说，知至就心上说。知止，知事之所当止；知至，则心之知识无不尽。（朱熹《朱子语类》卷十五）
[5] 陆九渊《鹅湖和教授兄韵》："墟墓兴哀宗庙钦，斯人千古不磨心。涓流积至沧溟水，拳石崇成泰华岑。易简功夫终久大，支离事业竟浮沉。欲知自上升高处，真伪先须辨只今。"
[6] 四方上下曰宇，往古来今曰宙。宇宙便是吾心，吾心即是宇宙。千万世之前，有圣人出焉，同此心同此理也。千万世之后，有圣人出焉，同此心同此理也。东南西北还有圣人出焉，同此心同此理也。（《陆九渊全集·杂说》）

当然还是我们的心。离开了心，我们就不知道声音的存在——心外无物。同样，当我们闻到一种气味、尝到一种味道、触碰到一个东西时，离不开鼻子、舌头和身体。但我们之所以能闻、能尝、能触碰，是因为我们有心。离开了心，我们就不能闻、不能尝、不能触碰，因而根本不知道是否有物[1]。同样的道理，不通过心，我们也无法知道物之理（知）——心外无理。

有人可能会反驳说，我是通过学习获得知识的，通过顿悟获得知识的，在梦中领悟知识的。但是，通过学习、顿悟、做梦获得知识都是由于有心。没有心，这一切都不可能。况且发现知识的人，也是用他的心才发现这些知识的。没有心，无从发现知识，也无从学习知识。甚至当我们对王阳明心外无物、心外无理的命题进行反驳时，也是因为有心才能做到——心外无理[2]。

这里要消除一个误解，以为心外无物是说我们的心能变出物，或者否认外在的东西[3]。心外无物的意思是说，当我们内心对物没有感觉或感知时，我们既不知道它是存在的，也不知道它是不存在的，甚至没有该物是否存在的意识。所以说，只有当我们有感觉或感知时，我们才知道某物的存在[4]。《传习录》中记载了这样一个故事。一天，王阳明与他人一起游南镇，看到山中的一树花，那人反驳王阳明说，你看山中的花在深山中自开自落，与我的心没有任何关系，怎么能说没有心外之物呢？王阳明说，当你没有看这花的时候，这花与你的心

---

[1] 《大学》之所谓'身'，即耳、目、口、鼻、四肢是也。欲修身便是要目非礼勿视，耳非礼勿听，口非礼勿言，四肢非礼勿动。要修这个身，身上如何用得工夫？心者身之主宰，目虽视而所以视者心也，耳虽听而所以听者心也，口与四肢虽言、动而所以言、动者心也，故欲修身在于体当自家心体，常令廓然大公，无有些子不正处。主宰一正，则发窍于目，自无非礼之视；发窍于耳，自无非礼之听；发窍于口与四肢，自无非礼之言、动；此便是修身在正其心。（王阳明《传习录》三一七）
[2] 无声无臭独知时，此是乾坤万有基。抛却自家无尽藏，沿门持钵效贫儿（王阳明《咏良知四首示诸生》）。
[3] 问"叔孙武叔毁仲尼，大圣人如何犹不免于毁谤？"先生曰："毁谤自外来的，虽圣人如何免得？人只贵于自修，若自己实实落落是个圣贤，纵然人都毁他，也说他不着；却若浮云掩日，如何损得日的光明？"（王阳明《传习录》二五五）。可见，叔孙武叔诋毁孔子这件事（物）是"外来"的，孔子并不能否认外在的物。但孔子知道这件事，一定要通过孔子的心。
[4] 意之所在便是物。如意在于事亲，即事亲便是一物。意在于事君，即事君便是一物。意在于仁民爱物，即仁民爱物便是一物。意在于视听言动，即视听言动便是一物。所以某说无心外之理，无心外之物。（王阳明《传习录》六）

同归于"寂"；当你看这花时，这花的颜色就"一时明白起来"，因而知道这花不在你的心外[1]。"寂"原意是没有声音的意思。这里寂的意思是说，当你没看这些花时，你的心就对花没有任何感觉、感知，因而我们既不知道或想象那些花存在，也不知道或想象那些花不存在。所以说，心是寂的，花也是寂的。花与心同归于寂。当您看到花时，心中就感觉、感知到了花的颜色，花的颜色在心中显现出来，即花的颜色与我的心一同"明白"起来，我们才知道原来这里有一树花。因此，是否知道花的存在完全在于我们的心[2]。同样，理的存在也取决于我们的心。我们将心外无物、心外无理换一个说法就是：我的世界就是我的心所知道的世界，我知道的物就是我的心所知道的物，我所知道的理就是我的心所知道的理。这是一个恒等式，除非将来有一天人可以不通过心就知道物和理。

既然心外无物、心外无理，那么，格物之物、致知之知就不可能是心外的东西，而是心内的，去除遮蔽也成了心内之事。因此，王阳明将格物的格字解释为纠正的意思，格物就是将心中不正之物加以纠正，使之变为善的[3]。如果将心比作镜子，那么，圣人的心就像一面没有灰尘的明镜，无所不照[4]。普通人的心

---

[1] 先生游南镇，一友指岩中花树问曰："天下无心外之物，如此花树，在深山中自开自落，于我心亦何相关？"先生曰："你未看此花时，此花与汝心同归于寂，你来看此花时，则此花颜色一时明白起来，便知此花不在你的心外。"（王阳明《传习录》二七五）

[2] 与这个公案相近的还有第三三六公案。（有人）问："人心与物同体，如吾身原是血气流通的，所以谓之同体。若于人便异体了，禽兽草木益远矣。而何谓之同体？"先生曰："你只在感应之几上看，岂但禽兽草木，虽天地也与我同体的，鬼神也与我同体的。"请问。先生曰："你看这个天地中间，甚么是天地的心？"对曰："尝闻人是天地的心。"曰："人又甚么叫做心？"对曰："只是一个灵明。""可知充天塞地中间，只有这个灵明，人只为形体自间隔了。我的灵明，便是天地鬼神的主宰。天没有我的灵明，谁去仰他高？地没有我的灵明，谁去俯他深？鬼神没有我的灵明，谁去辩他吉凶灾祥？天地鬼神万物，离却我的灵明，便没有天地鬼神万物了。我的灵明离却天地鬼神万物，亦没有我的灵明。如此，便是一气流通的，如何与他间隔得？"又问："天地鬼神万物，千古见在，何没了我的灵明，便俱无了？"曰："今看死的人，他这些精灵游散了，他的天地万物尚在何处？"。（王阳明《传习录》三三六）

[3] "格物"如《孟子》"大人格君心"之"格"，是去其心之不正，以全其本体之正。但意念所在，即要去其不正，以全其正，即无时无处不是存天理，即是穷理。天理即是"明德"，穷理即使"明明德"。（王阳明《传习录》七）

[4] 圣人之心如明镜。只是一个明，则随感而应，无物不照。（王阳明《传习录》二一）

就像沾染了灰尘的镜子，不能清晰地照见日常之物。我们只要将灰尘擦掉，就会恢复镜子的映像功能。而擦拭灰尘的方法不是像朱熹所说的那样，通过照外物使镜子干净，而是直接擦拭镜子本身[1]。

从王阳明心外无物和格物致知的含义可以看出，格物之物和心外无物之物的含义是不同的。心外无物之物是心所知道的一切物，包括恶之物、善之物以及不恶不善之物。格物之物只是心外无物之物的一部分，特指恶之物。格物就是将心中的恶去掉，只留下善。王阳明以奉养父母为例解释说，奉养这件事是物。但只知道奉养，还不是格物。只有完全按照自己的良知，去掉任何不孝顺之心，无微不至地奉养父母，才是格物[2]。

王阳明的这种格物思想，据他自己说，源于他格竹子的经历。按照朱熹的理论，竹子和竹子之理都在心外，因而要格竹子之物以知晓竹子之理，就要接触竹子，研究竹子之理。于是，王阳明和他的同伴接连几天以接力的方式盯着竹子，希望研究出竹子之理。但最终二人都病倒了，也没有格到什么竹子之理[3]。从此，他就对朱熹物在心外的思想产生了怀疑，认为朱熹将心与物分为

---

[1] 心犹镜也。圣人心如明镜。常人心如昏镜。近世格物之说，如以镜照物，照上用功。不知镜尚昏在，如何能照？先生之格物，如磨镜而使之明。磨上用功，明了后亦未尝废照。（王阳明《传习录》六二）

[2] 温凊之事，奉养之事，所谓物也，而未可谓之格矣。必其于温凊之事也，一如其良知之所知，当如何为温凊之节者而为之，无一毫之不尽；于奉养之事也，一如其良知之所知当如何为奉养之宜者而为之，无一毫之不尽，然后谓之格物。（王阳明《传习录》一三七）

[3] 先生曰："众人只说格物要依晦翁，何曾把他的说去用？我着实曾用来。初年与钱友同论做圣贤，要格天下之物，如今安得这等大的力量？因指亭前竹子，令去格看。钱子早夜去穷格竹子的道理，竭其心思，至于三日，便致劳神成疾。当初说他这是精力不足，某因自去穷格。早夜不得其理，到七日，亦以劳思致疾。遂相与叹圣贤是做不得的，无他大力量去格物了。及在夷中三年，颇见得此意思，方知天下之物本无可格者。其格物之功，只在身心上做，决然以圣人为人人可到，便自有担当了。这里意思，却要说与诸公知道。"（王阳明《传习录》三一八）

二了[1]。当然，单凭一次格竹子的经历就否定朱熹的理论，说服力是不足的。我们还可以反驳说，这是因为王阳明格竹子的方法不对。如果你将竹子烧掉，就知道竹子在五行中属木。木对应仁之性。

同样，心外无知之知也不同于致知之知。心外无知包括善之知、恶之知、不善不恶之知等等一切知，致知之知则特指良知。致知就是让良知自然呈现出来并见之于日常生活之中。王阳明也以奉养为例来说明，知道如何奉养，这是知，但还不是致知。只有将自己的良知完全体现到奉养父母之中，才是致知[2]。

王阳明对格物、致知的解读建立在性善说之上。性善说源于孟子。孟子认为，心的本性是善的，生来就有良知、良能[3]。孟子举例说，当我们看到一个小孩马上要掉到井里去了，就会不加思考地救起小孩，这种未经思考的知就是良知，是人性善的表现。反之，如果经过权衡利弊，先想想孩子的父亲是谁，救了孩子有什么好处、不救孩子有什么坏处，才决定是否去救他，则是利害之心在起作用，是良知被遮蔽的表现。新古典儒家基本上继承了孟子的人性善说，不接受荀子的人性恶说，或其他不同的人性论。王阳明也不例外，认为人性是善的，生来就有良知。即使是强盗，也不例外[4]。所谓恶也只不过是善的过与不及引

---

[1] 朱子所谓"格物"云者，在即物而穷其理也。即物穷理，是就事事物物上求其所谓定理者也。是以吾心而求理于事事物物之中，析"心"与"理"而为二矣。夫求理于事事物物者，如求孝之理于其亲之谓也。求孝之理于其亲，则孝之理其果在于吾之心邪？抑果在于亲之身邪？假而果在于亲之身，则亲没之后，吾心遂无孝之理欤？见孺子之入井，必有恻隐之理，是恻隐之理果在于孺子之身欤？抑在于吾心之良知欤？其或不可以从之于井欤？其或可以手而援之欤？是皆所谓理也，是果在于孺子之身欤？抑果出于吾心之良知欤？以是例之，万事万物之理莫不皆然。是可以知析心与理为二之非矣。（王阳明《传习录》一三五）

[2] 知如何而为温凊之节，知如何而为奉养之宜者，所谓知也，而未可谓之致知。必致其知如何为温凊之节者之知，而实以之温凊，致其知如何为奉养之宜者之知，而实以之奉养，然后谓之致知。（王阳明《传习录》一三七）

[3] 人之所不学而能者，其良能也；所不虑而知者，其良知也。（《孟子·尽心上》）

[4] "良知在人，随你如何不能泯灭，虽盗贼亦自知不当为盗，唤他作贼，他还忸怩。"于中曰："只是物欲遮蔽，良心在内，自不会失，如云自蔽日，日何尝失了！"先生曰："于中如此聪明，地人见不及此。"（王阳明《传习录》二〇七）

起的[1]。

既然人人性善，人人本来就有良知，那么我们凭自己的好恶就可以做出善恶是非的判断，喜欢的就是善，厌恶的就是恶，如同天生就知道什么是臭的、什么是香的一样，无需任何中介[2]。因此，朱熹那种"今日格一件，明日又格一件，积习既多，然后脱然有贯通处"的格物、致知方法都是细节问题。只要致良知了，这些细节问题就会迎刃而解。对于王阳明的这种说法，他的学生顾东桥曾反驳说，人人都有良知，因而很容易弄清楚；致良知的细节千差万别，因而才需要学习[3]。王阳明回答说，虽然良知人人都有的，但一般人的良知被遮蔽了，因而要学习致良知。致良知是根本，如何致知则是枝节。知道了根本，细节问题就迎刃而解。致良知就相当于学习如何使用圆规、直尺，而致良知的细节就相当于对具体的方、圆进行测量。只要学会如何使用圆规、直尺，测量具体的

---

[1] 至善者，心之本体。本体上才过当些子，便是恶了。不是有一个善，却又有一个恶来相对也。故善、恶只是一物。（王阳明《传习录》二二八）"善、恶皆天理。谓之恶者本非恶，但于本性上过与不及之间耳。"（王阳明《传习录》二二八）
[2] 良知只是个是非之心，是非只是个好恶，只好恶就尽了是非，只是非就尽了万事万变。（王阳明《传习录》二八八）
[3] 道之大端，易于明白，所谓良知良能，愚夫妇可与及者。至于节目时变之详，毫厘千里之谬，必待学而后知。（王阳明《传习录》一三九）

方、圆还在话下[1]？儒家的圣人之所以为圣人，不是因为他知道事物所有的枝节，而是因为他知道良知、义理[2]。

格物是去除恶，致知是呈现善，因而格物、致知是同一事情的两个方面。格物一定伴随致良知（致知），致良知也一定会落实在物上，而不是凭空格物。《传习录》二一八记载了这样一个故事。有一下属，长期听王阳明讲致良知的思想。一天，他对王阳明说，你的致良知学说是很好，可我每天要处理大量断案事务，哪有时间去致良知呢？王阳明回答说，致良知不是让你悬空去学。你既然要处

---

[1] 良知良能，愚夫、愚妇与圣人同。但惟圣人能致其良知，而愚夫愚妇不能致，此圣愚之所由分也。节目时变，圣人夫岂不知？但不专以此为学。而其所谓学者，正惟致其良知，以精察此心之天理，而与后世之学不同耳。吾子未暇良知之致，而汲汲焉顾是之忧，此正求其难于明白者以为学之弊也。夫良知之于节目时变，犹规矩尺度之于方圆长短也。节目时变之不可预定，犹方圆长短之不可胜穷也。故规矩诚立，则不可欺以方圆，而天下之方圆不可胜用矣；尺度诚陈，则不可欺以长短，而天下之长短不可胜用矣；良知诚致，则不可欺以节目时变，而天下之节目时变不可胜应矣。（王阳明《传习录》一三九） 爱曰："如事父之孝，事君之忠，交友之信，治民之仁，其间有许多理在。恐亦不可不察"。先生叹曰："此说之蔽久矣，岂一语所能悟？今姑就所问者言之。且如事父，不成去父上求个孝的理；事君，不成去君上求个忠的理；交友治民，不成去友上、民上求个信与仁的理。都只在此心，心即理也。此心无私欲之蔽，即是天理，不须外面添一分。以此纯乎天理之心，发之事父便是孝，发之事君便是忠，发之交友治民便是信与仁。只在此心去人欲、存天理上用功便是。"爱曰："闻先生如此说，爱已觉有省悟处。但旧说缠于胸中，尚有未脱然者。如事父一事，其间温清定省之类有许多节目，不知亦须讲求否"？先生曰："如何不讲求？只是有个头脑，只是就此心去人欲、存天理上讲求。就如讲求冬温，也只是要尽此心之孝，恐怕有一毫人欲间杂；讲求夏清，也只是要尽此心之孝，恐怕有一毫人欲间杂，只是讲求得此心。此心若无人欲，纯是天理，是个诚于孝亲的心，冬时自然思量父母的寒，便自要求个温的道理；夏时自然思量父的热，便自要求个清的道理。这都是那诚孝的心发出来的条件。却是须有这诚孝的心，然后有这条件发出来。譬之树木，这诚孝的心便是根。许多条件便是枝叶，须先有根然后有枝叶，不是先寻了枝叶然后去种根。《礼记》言：'孝子之有深爱者，必有和气；有和气者，必有愉色。有愉色者，必有婉容'。须是有个深爱做根，便自然如此。"（王阳明《传习录》三）

[2] 夫圣人之所以为圣者，以其生而知之也。而释《论语》者曰："生而知之者，义理耳。若夫礼乐名物，古今事变，亦必待学而后有以验其行事之实。"夫礼乐名物之类，果有关于作圣之功也？而圣人亦必待学而后能知焉，则是圣人亦不可以谓之生知矣！谓圣人为生知者，专指义理而言，而不以礼乐名物之类，则是礼乐名物之类无关于作圣之功矣，圣人之所以谓之生知者，专指义理，而不以礼乐名物之类，则是学而知之者，亦惟当学知此义理而已，困而知之者，亦惟当困知此义理而已。今学者之学圣人，于圣人之所能知者，未能学而知之，而顾汲汲焉求知圣人之所不能知者以为学，无乃失其所以希圣之方欤？凡此，皆就吾子之所惑者而稍为之分释，未及乎拔本塞源之论也。（王阳明《传习录》一四一）。文中的"释《论语》者"指朱熹。

理断案事务，就从断案下手。断案时以法律为依据，从案件自身出发，不带任何个人情感，就是致良知。例如在断案时，不能因为有人走后门而不高兴就刻意重判，不能因为有人说情就刻意轻判，也不能因为事务繁忙就草草了断。这里，刻意重判、刻意轻判、草草了断都是需要去格物之物，需要我们以良知进行判断。只有这样才是真正的致良知。离开断案等日常事务，就无从致良知[1]。因此，在王阳明的思想中，没有什么小学、大学之分，它们都是教人如何格物、致知[2]。

通过朱熹和王阳明对格物、致知的不同解读，我们可以看出他们二人格物、致知的不同方法。朱熹的方法是运用自己已有的知处理事务（格物），以获得新的知，再去处理事务，又获得新的知。通过这种不断的格物、致知，最终达到物格、知至，通达天下之理以去除明德的遮蔽。而王阳明认为，心外无物、心外无理，遮蔽明德之物当然也在内心，因而去除心中之恶只能从内心着手。

第2部分 格物致知与诚意的关系——知先行后与知行合一

朱熹认为，诚意之诚有两种意思，一是诚实的意思[3]，二是指实际的理[4]。诚意之意则指心之所发[5]。对诚意的含义、情与意的关系，王阳明和朱熹没有

---

[1] 有一属官，因久听讲先生之学，曰："此学甚好，只是簿书讼狱繁难，不得为学。"先生闻之曰："我何尝教尔离了簿书讼狱悬空去讲学？尔既有官司之事，便从官司的事上为学，才是真格物。如问一词讼，不可因其应对无状，起个怒心；不可因他言语圆转，生个喜心；不可恶其嘱托，加意治之；不可因其请求，屈意从之；不可因自己事务烦冗，随意苟且断之；不可因旁人潜毁罗织，随人意思处之；这许多意思皆私，只尔自知，须精细省察克治，惟恐此心有一毫偏倚，杜人是非，这便是格物致知。簿书讼狱之间，无非实学，若离了事物为学，却是著空。"（王阳明《传习录》二一八）
[2] 我这里言格物，自童子以至圣人，皆是此等工夫；但圣人格物，便更熟得些子，不消费力。如此格物，虽卖柴人亦是做得，虽公卿大夫以至天子，皆是如此做。（王阳明《传习录》三一九）
[3] 诚，实也。实其心之所发，欲其一于善而无自欺也。（《大学章句集注》）
[4] 诚，实理也，亦诚悫也。由汉以来，专以诚悫言诚。至程子乃以实理言，后学皆弃诚悫之说不观。中庸亦有言实理为诚处，亦有言诚悫为诚处。不可只以实为诚，而以诚悫为非诚也。（朱熹《朱子语类》卷六）。
[5] 性是不动，情是动处，意则有主向。如好恶是情，"好好色，恶恶臭"，便是意。（朱熹《朱子语类》卷六）意者，心之所发也。（朱熹《大学章句集注》）

什么不同[1]。王阳明与朱熹的不同主要体现在对格物致知与诚意关系的解读上。

朱熹认为，一个人如果没有达到物格、知至，就无法真正做到诚意[2]。"格物"是知之始，"知至"是知之终，"诚意"则是行之始[3]。当然，即使一个人达到了物格、知至，也不一定能做到诚意。前者是理论问题，后者是实践的问题。只有当他达到了格物知至，又有诚意的意愿，才能做到诚意，过善恶关[4]，成为君子、圣贤[5]。所以，朱熹说，格物致知是诚意的源头功夫[6]。朱熹的这种知

---

[1] 为学工夫有浅深。初时若不着实用意去好善恶恶，如何能为善去恶？这着实用意便是诚意。（王阳明《传习录》卷一一九）仁义礼知，性之性也；聪明睿知，性之质也；喜怒哀乐，性之情也。（王阳明《传习录》卷一六五）心之所发便是意。（王阳明《传习录》卷六）

[2] 物未格，知未至，纵有善，也只是黑地上白点。（朱熹《朱子语类》卷十五）

[3] 格物者，知之始也；诚意者，行之始也。（朱熹《朱子语类》卷十五）格物、致知，是求知其所止；诚意、正心、修身、齐家、治国、平天下，是求得其所止。物格、知至，是知所止；意诚、心正、身修、家齐、国治、天下平，是得其所止。《大学》中大抵虚字多。如所谓"欲"、"其"、"而后"，皆虚字；"明明德、亲新民、止於至善"，"致知、格物、诚意、正心、修身、齐家、治国、平天下"，是实字。今当就其紧要实处著工夫。如何是致知、格物以至于治国、平天下，皆有节目，须要一一穷究著实，方是。（朱熹《朱子语类》卷十五）

[4] 格物是梦觉关。格得来是觉，格不得只是梦。诚意是善恶关。（朱熹《朱子语类》卷十五）

[5] 意诚只是要情愿做工夫，若非情愿，亦强不得。未过此一关，犹有七分是小人。（朱熹《朱子语类》卷十五）已过此关，虽有小过，亦是白中之黑。过得此关，正好着力进步也。（朱熹《朱子语类》卷十五）

[6] 问："诚意莫只是意之所发，制之于初否？"曰："若说制，便不得。须是先致知、格物，方始得。人莫不有知，但不能致其知耳。致其知者，自里面看出，推到无穷尽处；自外面看入来，推到无去处；方始得了，意方可诚。致知、格物是源头上工夫。看来知至便自心正，不用'诚意'二字也得。然无此又不得，譬如过水相似，无桥则过不得。意有未诚，也须着力。不应道知已至，不用力。"（朱熹《朱子语类》卷十五）

行思想属于知先行后说[1]，即在没有达到知至之前，无法做到真正的诚意[2]；只有在达到知至之后，经过行的过程，才能达到意诚[3]。

朱熹的知先行后学说是存在问题的。一、在我们感觉到而没有注意到的无物世界，无知之知（有知而没有注意到的知）与无意之意（有意而没有注意到的意）是合一的，因而不是知先行后，而是知行合一。当然，朱熹可以说，格物、致知并没有涉及无物之物的领域。但是，既然无物世界是我们生存的世界，如果格物、致知不涉及无物世界，就不能说穷尽了天地万物之理。不能穷尽天地万物之理，按照朱熹的说法，就无法做到诚意，那么正心、修身、齐家、治国、平天下就无从谈起。二、在日常世界中，我们在行为之前一般有一定的知识（少量的胡乱作为之外），即朱熹所谓的致知之知。我们行为时所处理的事务就是朱熹的格物之物。处理事务的过程中就增长了更多的知识。这个过程与朱熹格物、致知所说的一致。但是，天下之物是无穷的，天下之理是无尽的，我们如何才能达到朱熹的诚意所要求的格尽天下之物、穷尽天下之理呢？对此，朱熹可以回答说，天地万物有其共同之理，万物得之则为仁义礼智之性，在类型上不是无限的。但即便如此，还会引出两个问题。第一个问题是朱熹的学生提出的：在没有格尽天下之物、穷尽天下之理时，我们是否需要诚意？对此，朱熹回答说，在没有达到物格、知致之前，也应当诚意，只是做不到真正的诚

---

[1] "《大学》所谓'知至、意诚'者，必须知至，然后能诚其意也。今之学者只说操存，而不知讲明义理，则此心愦愦，何事於操存也！某尝谓诚意一节，正是圣凡分别关隘去处。若能诚意，则是透得此关；透此关后，滔滔然自在去为君子。不然，则崎岖反侧，不免为小人之归也。"致知所以先於诚意者如何？"曰："致知者，须是知得尽，尤要亲切。寻常只将'知至'之'至'作'尽'字说，近来看得合作'切至'之'至'。知之者切，然后贯通得诚意底意思，如程先生所谓真知者是也。"（朱熹《朱子语类》卷十五）以修身言之，都已尽了。但以明明德言之，在己无所不尽，万物之理亦无所不尽。如至诚惟能尽性，只尽性时万物之理都无不尽。故尽其性，便尽人之性；尽人之性，便尽物之性。（朱熹《朱子语类》卷十七）
[2] 知、行常相须，如目无足不行，足无目不见。论先后，知为先；论轻重，行为重。（朱熹《朱子语类》卷九）
[3] "知至而后意诚"，须是真知了，方能诚意。知苟未至，虽欲诚意，固不得其门而入矣。惟其胸中了然，知得路迳如此，知善之当好，恶之当恶，然后自然意不得不诚，心不得不正。（朱熹《朱子语类》卷十五）方其知之而行未及之，则知尚浅。既亲历其域，则知之益明，非前日之意味。（朱熹《朱子语类》卷九）

意[1]。做不到真正的诚意，就做不到真正的心正，没有真正的身修、齐家、治国、平天下，当然也没有真正的明明德、新民、止于至善[2]。而问题是，除圣贤之外，普通人一辈子都无法达到物格、知至的要求，那通过物格、知至以达到诚意跟一般人有什么关系呢？难怪王阳明说，朱熹的格物致知，是以圣贤的标准要求普通人。第二个问题是达到知至后，一个人想诚意是否一定能做到。朱熹的回答是肯定的，"惟其胸中了然，知得路迳如此，知善之当好，恶之当恶，然后自然意不得不诚，心不得不正。"（朱熹《朱子语类》卷十五）。但这个回答肯定有争议。王阳明认为，在日常领域知行是合一的，达到知至一定能做到诚意。休谟则认为，致知之知是实然问题，诚意则是应然问题。二者不存在必然联系。当然，朱熹是儒家，他只关心应然问题。

没有做到彻底的格物、致知，就不能做到真正的诚意。即使做到了，也未必能做到真正的诚意。无法做到真正的诚意，就无法真正做到正心、修身，也不能真正齐家、治国、平天下。那么格物致知还有什么意义？所以，明清有学者认为，只靠知来调顺情意的做法事倍功半，甚至劳而无功。因此，他们借鉴道家和佛教的方法，像王阳明那样，针对不诚之意存在的问题直接下功夫。

与朱熹的知先行后不同，王阳明认为知行是合一的，无所谓先后。致知是让良知呈现（知），诚意则是以良知去意之不正（行）[3]。因此，致知、诚意合一，即知行合一。不但致知、诚意合一，致知和诚意都包含各自合一的知行，致是知行合一之行，知是知行合一之知；诚是知行合一之行，意是知行合一之知。推而广之，每一件事物的知行都是合一的。对这个说法，王阳明的学生顾东桥

---

[1] 问："物未格时，意亦当诚。"曰："固然。岂可说物未能格，意便不用诚！自始至终，意常要诚。岂可说物未能格，意便不用诚！"（朱熹《朱子语类》卷十五）
[2] 如格物、致知、诚意、正心、修身五者，皆"明明德"事。格物、致知，便是要知得分明；诚意、正心、修身，便是要行得分明。若是格物、致知有所未尽，便是知得这明德未分明；意未尽诚，便是这德有所未明；心有不正，则德有所未明；身有不修，则德有所未明。须是意不可有顷刻之不诚，心不可有顷刻之不正，身不可有顷刻之不修，这明德方常明。（朱熹《朱子语类》卷十四） 问由中而外，自近而远。曰："某之意，只是说欲致其知者，须先存得此心。此心既存，却看这个道理是如何。又推之於身，又推之於物，只管一层展开一层，又见得许多道理。"（朱熹《朱子语类》卷十八）
[3] 诚意之功，只是个格物。格物是去其心之不正，以全其本体之正。（王阳明《传习录》七）

举例反驳说，以吃饭为例，只有先知道什么是饭，才能去吃饭。可见，先有知（知道饭）然后才能行（吃饭）。对这个反驳，王阳明回答说，人之所以知道饭（知），必然是因为有吃食物的想法（行），才会去吃饭。知行是合一的。想吃饭的想法就是行之始，吃饭是行，吃了就知道饭的味道如何，又属于知。知行还是合一的[1]。顾东桥的错误是将第一个知（知道饭）行（吃饭的想法）环节中的知与第二个知（知道饭的味道如何）行（吃了饭）环节中的行放在一起比较，所以得出知先行后的错误结论[2]。

王阳明之所以强调知行合一，除了理论的分析，还有实践的原因。人们将知行割裂后，明知是错误的（知），也不去纠正（行）[3]。无论从理论上还是实践上看，知行都是合一的。"知者行之始。行者知之成。圣学只一个功夫，知行不可分作两事。"（王阳明《传习录》二六）因此，王阳明后期只提致良知[4]。其中，"致"是行，良知是知，"致良知"体现了知行合一。

按照王阳明的解读，不管是圣人、贤人，还是学者，甚至普通人都能格物、

---

[1] 夫人必有欲食之心然后知食，欲食之心即是意，即是行之始矣。食味之美恶待入口而后知，岂有不待入口而已先知食味之美恶者邪？（王阳明《传习录》一三二）

[2] 对于知行合一的命题，我们可以这样论证。首先，行必有知，我们去打猎时，不会拿一支笔，而会拿猎枪；出了门，我们知道往打猎的地方去，而不会朝厕所走；我们还知道应该打什么，而不会去抓几只苍蝇。我们所行的每一步都以知为基础，否则，行就是瞎行，不是正常的行。其次，知也离不开行。王阳明打比方说，我们之所以知道美味，是因为我们有"欲食"之心。这里，知道美味是知，"欲食"之心就是行。知的每一步都离不开行。行不离知，知不离行。因此，知与行是合一的。而正常人的知是良知（"知善知恶"），因而其行也是善的。只不过由于人常常有私欲，禁锢了良知（只要是正常人，此时的知行还是合一的）。为此，就要显露人的良知，即致良知，以去掉私欲。这里的"致"是行，良知是知。"致良知"就体现了知行合一，而且心外无物的含义也隐含在其中。所以，晚年的王阳明主要提倡"致良知"。

[3] 今人学问，只因知行分作两件，故有一念发动，虽是不善，然却未曾行，便不去禁止。我今说个知行合一，正要人晓得一念发动处，便即是行了。发动处有不善，就将这不善的念克倒了。须要彻根彻底，不使那一念不善潜伏在胸中。此是我上上言宗旨。（王阳明《传习录》二二六）

[4] 一友静坐有见，驰问先生。答曰："吾昔居滁时，见诸生多务知解，口耳异同，无益于得，姑教之静坐，一时窥见光景，颇收近效。久之，渐有喜静厌动、流入枯槁之病。或务为玄解妙觉，动人听闻。故迩来只说致良知。良知明白，随你去静处体悟也好。随你去事上磨炼也好，良知本体原是无动无静的。此便是学问头脑。我这个话头，自滁州到今，亦较过几番，只是'致良知'三字无病。医经折肱，方能察人病理。"（王阳明《传习录》二六二）

致知、诚意,都能知能行,其知行都是合一的。站在这个角度,王阳明批评朱熹说,《中庸》中将人分为圣人、贤人、学者。圣人是已经明明德的人,所以能做到生知安行[1]。贤人还没有真正明明德,只能固守明德[2]。学者则还不知什么是明德,因而只能先教他为善去恶,做一个日常生活中的善人,然后再慢慢向贤人、圣人看齐[3]。 而按照朱熹的理论,圣人已经达到物格知至之境界了,因而能真正诚意、正心,能真正做到知而后行。但贤人还未达到物格、知至的境界,学者则还不知物格、知至为何物,那就不能诚意,或不能真正诚意。没有诚意,就没有行了[4],于是,只剩下不知在哪里的圣人可以行。这种知先行后说显然

---

[1] 夫尽心、知性、知天者,生知安行,圣人之事也;存心、养性、事天者,学知利行,贤人之事也;夭寿不贰、修身以俟者,困知勉行,学者之事也。(王阳明《传习录》一三四)对此,我们还可以合理地推断,在"困而知之"的学者之下,还存在着那种心怀偏见、不知善恶、四处碰壁死而后已的人。
[2] 贤人"犹与天为二也。天之所以命于我者,心也,性也。吾但存之而不敢失,养之而不敢害。"(王阳明《传习录》一三四)
[3] 学者"夭寿不贰,则与存其心者又有间矣。存其心者,虽未能尽其心,固已一心于为善。"(王阳明《传习录》一三四)
[4] 问:"伊川说格物、致知许多项,当如何看?"曰:"说得已自分晓。如初间说知觉及诚敬,固不可不勉。然'天下之理,必先知之而后有以行之',这许多说不可不格物、致知。中间说物物当格,及反之吾身之说,却是指出格物个地头如此。"又云:"此项兼两意,又见节次处。自'立诚意以格之'以下,却是做工夫合如此。"又云:"用诚敬涵养为格物致知之本。"(朱熹《朱子语类》卷十八)

有问题[1]。

当然,这并不是说朱熹的知先行后说绝对错误,王阳明的知行合一绝对正确。在无物之物领域中,物与物不分、物与我不分呈现物的窗口就是心显现的窗口。在这种状态中,既没有朱熹所谓的物在心外之说,也没有心外无物之说,当然也就不存在格物、致知、诚意之分,没有知、行之分,知行是合一的[2]。但在有物状态中,王阳明的知行合一容易带来笼统不分的弊病。以骑自行车为例,我们说,骑自行车先要掌握骑自行车的技巧,否则可能摔倒。对此,王阳明会说,想骑自行车是行,掌握骑自行车的技巧是知,知行是合一的;开始骑自行车是行,骑自行车后获得更细致入微的技巧是知,知行还是合一的。从逻辑上看,王阳明这样讲是没有问题的,但"骑自行车当然先要掌握骑自行车的技巧"这句话强调的是要掌握骑自行车的技巧这种知,王阳明的话显得笼统不分,让强调功能消失了。这时朱熹的知先行后的表达则更为合理。

除朱熹的知先行后说、王阳明的知行合一说之外,从逻辑上看还存在第三种可能,这就是行先知后说。真正的行先之后是不成立的,因为行总要伴随着知,否则,如果我们既不知道什么是行,也不知道为什么行,什么都不知,行就会

---

[1] 夫心之体,性也;性之原,天也。能尽其心,是能尽其性矣。《中庸》云"惟天下至诚为能尽其性",又云"知天地之化育"、"质诸鬼神而无疑"。知天也,此惟圣人而后能然,故曰"此生知安行,圣人之事也"。存其心者,未能尽其心者也,故须加存之之功;必存之既久,不待于存而自无不存,然后可以进而言尽。盖"知天"之"知",如"知州'、"知县"之知。知州则一州之事皆己事也,知县则一县之事皆己事也,是与天为一者也;事天则如子之事父,臣之事君,犹与天为二也。天之所以命于我者,心也,性也,吾但存之而不敢失,养之而不敢害,如"父母全而生之,子全而归之"者也。故曰"此学知利行,贤人之事也"。至于"夭寿不贰",则与存其心者又有间矣。存其心者虽未能尽其心,固已一心于为善,时有不存,则存之而已;今使之夭寿不贰,是犹以夭寿贰其心者也。犹以夭寿贰其心,是其为善之心犹未能一也。存之尚有所未可,而何尽之可云乎? 今且使之不以夭寿贰其为善之心,若曰死生夭寿皆有定命,吾但一心于为善,修吾之身,以俟天命而已,是其平日尚未知有天命。事天虽与天为二,然己真知天命之所在,但惟恭敬奉承而已耳;若俟之云者,则尚未能真知天命之所在,犹有所俟者也,故曰所以立命。"立"者"创立"之"立",如"立德"、"立言"、"立功"、"立名"之类,凡言"立"者,皆是昔未尝有而本始建立之谓,孔子所谓"不知命,无以为君子"者也,故曰"此困知勉行,学者之事也"。今以尽心、知性、知天为格物致知,使初学之士尚未能不贰其心者,而遽责之以圣人生知安行之事。如捕风捉影,茫然莫知所措其心,几何而不至于"率天下而路"也! 今世致知格物之弊,亦居然可见矣。(王阳明《传习录》一三四)

[2] 在无善无恶(实际是无物状态)的圣人心里,心物不分、物物不分,知与行自然是混而为一的。

出问题。以前面的吃饭为例。吃饭是行,但我们应知道什么是吃饭,否则我们以为跳楼是吃饭,就会出问题。当然,行之后会增加知,甚至可能否定原先的知,但原先的知一定存在。

第3部分 对八目各个环节之间关系的不同理解

前文已将八目中的格物、致知的含义以及格物致知与诚意之间的关系进行了阐述,这里则将朱熹和王阳明二人有关八目的其他不同理解加以比较。

朱熹认为,三纲中的明明德和新民是相对独立的,因而八目也是相对独立的。格物之物是外在的,诚意、正心、修身是内在的,齐家之家、治国之国、平天下之天下又是外在的,致知之知则既有外在的又有内在的。而王阳明认为,意诚、心正、身修乃至八目都是明明的延伸[1],都不在心外。这是王阳明与朱熹的第一个不同。

朱熹和王阳明的第二个不同之处是在如何诚意上。对于诚意的含义,他们

---

[1] 来教谓:"如必以学不资于外求,但当反观内省以为务,则'正心诚意'四字亦何不尽之有?何必于入门之际,便困以格物一段工夫也?"诚然诚然。若语其要,则"修身"二字亦足矣,何必又言正心?"正心"二字亦足矣,何必又言诚意?"诚意"二字亦足矣,何必又言致知,又言格物?惟其工夫之详密,而要之只是一事,此所以为精一之学,此正不可不思者也。夫理无内外,性无内外,故学无内外。讲习讨论,未尝非内也;反观内省,未尝遗外也。夫谓学必资于外求,是以己性为有外也,是义外也,用智者也;谓反观内省为求之于内,是以己性为有内也,是有我也,自私者也,是皆不知性之无内外也。故曰:"精义入神,以致用也;利用安身,以崇德也","性之德也,合内外之道也"。此可以知格物之学矣。格物者,《大学》之实下手处,彻首彻尾,自始学至圣人,只此工夫而已,非但入门之际有此一段也。夫正心诚意、致知格物,皆所以修身而格物者,其所用力,日可见之地。故格物者,格其心之物也,格其意之物也,格其知之物也;正心者,正其物之心也;诚意者,诚其物之意也;致知者,致其物之知也;此岂有内外彼此之分哉!理一而已。以其理之凝聚而言,则谓之性;以其凝聚之主宰而言,则谓之心;以其主宰之发动而言,则谓之意;以其发动之明觉而言,则谓之知;以其明觉之感应而言,则谓之物。故就物而言谓之格,就知而言谓之致,就意而言谓之诚,就心而言谓之正。正者,正此也;诚者,诚此也;致者,致此也;格者,格此也;皆所谓穷理以尽性也。天下无性外之理,无性外之物。学之不明,皆由世之儒者认理为外,认物为外,而不知义外之说,孟子盖尝辟之,乃至袭陷其内而不觉,岂非亦似是而难明者欤?不可以不察也。(王阳明《传习录》一七四)

二人没有什么不同，都认为是没有私意[1]。在如何诚意的问题上，朱熹认为，只有先做到彻底的格物致知才可能真正做到诚意。王阳明则认为，诚意不是格外物之理，也没有所谓的外物，而在于直接去心中之恶[2]，即时时刻刻去意之不诚。

他们的第三个不同之处是对正心的理解。朱熹认为，人心天生就有"忿懥、恐惧、好乐、忧患"等情绪，当怒则怒，当喜则喜。当怒而不怒、当喜而不喜反而是心不正的表现。只不过不能将情绪留在心中，不能将对这件事的愤怒转移到那件善的事情上，也不能在无事时还留在心中，而是将一切情绪都从心中去掉[3]，包括对没有发生的事情的期待，对已经过去的事情的留恋，对当下事情的偏见[4]。王阳明则认为，对不同的人而言，正心的目标是不同的。学者无法做到心无善恶好恶，因而只能使其去掉过度的忿懥、恐惧、好乐、忧患之心[5]，达到较为恰当的状态。圣人心无善恶，因而正心就是控制忿懥、恐惧、好乐、忧患等不良情绪以回归心之本体。当然，对于不知道正心的人，心中永远有过度的忿懥、恐惧、好乐、忧患。

他们的第四个不同之处是对诚意与正心关系的理解。朱熹认为，诚意是心善不善的问题，正心是心偏不偏的问题。先有意诚然后才谈得上正心。如果意

---

[1] 问："实其心之所发，欲其一於理而无所杂。"曰："只为一，便诚；二，便杂。'如恶恶臭，如好好色'，一故也。'小人閒居为不善，止著其善'，二故也。只要看这些便分晓。二者，为是真底物事，却著些假攙放里，便成诈伪。如这一盏茶，一味是茶，便是真。才有些别底滋味，便是有物夹杂了，便是二。"（朱熹《朱子语类》卷十五）"'如好好色，如恶恶臭'，安得非意"？曰："却是诚意，不是私意。诚意只是循天理。虽是循天理，亦着不得一分意。"（王阳明《传习录》一〇一）

[2] 诚意之功，只是个格物。（王阳明《传习录》六；"格物如《孟子》"大人格君心"之"格"，是去其心之不正，以全其本体之正。（王阳明《传习录》卷七）

[3] 问："伊川云：'忿懥、恐惧、好乐、忧患，人所不能无者，但不以动其心。'既谓之忿懥、忧患，如何不牵动他心？"曰："事有当怒当忧者，但过了则休，不可常留在心。颜子未尝不怒，但不迁耳。"因举楼中："果怒在此，不可迁之於彼。"（朱熹《朱子语类》卷十六）

[4] 其所以系於物者有三：或是事未来，而自家先有这个期待底心；或事已应去了，又却长留在胸中不能忘；或正应事之时，意有偏重，便只见那边重，这都是为物所系缚。既为物所系缚，便是有这个物事，到别事来到面前，应之便差了，这如何会得其正！（朱熹《朱子语类》卷十六）

[5] 有一学者病目，戚戚甚忧。先生曰："尔乃贵目贱心。"（王阳明《传习录》一二三）问："乐是心之本体，不知遇大故于哀哭时，此乐还在否？"先生曰："须是大哭一番了方乐，不哭便不乐矣；虽哭，此心安处是乐也；本体未尝有动。"（王阳明《传习录》二九二）

不诚，根本谈不上正心[1]。而王阳明认为，由于心是无善无恶的[2]，正心就在于诚意，诚意就是好善恶恶，因而正心就是诚意的延伸。如果我们将刻意的好善恶恶这种恶也去掉，心自然就正了[3]。

他们的第五个不同之处是对修身与齐家、治国、平天下之间关系的理解。《大学》上说，意诚而后心正，心正而后身修，身修而后家齐，家齐而后国治，国治而后天下平。朱熹和王阳明对这四者之间的关系理解一致，但朱熹认为，齐家、治国、平天下的指导思想是新民，而王阳明则认为，齐家、治国、平天下的指导思想是亲民。前者是自新而新民（改造百姓），后者是自新而爱民（爱护百姓）。

总体而言，朱熹认为，《大学》的核心思想是明明德，但衡量的标准则是止于至善。明明德、新民达到极致就是止于至善。明明德的功夫则是格物、致知等五个环节。其中，格物致知是知之始，诚意则是行之始。明明德后就可以齐家、治国、平天下了。朱熹对《大学》的这种解读，我们套用苏格拉底"知识即美德"（《美诺篇》）这句话加以总结就是："知识才能带来美德"。不过，苏格拉底"知识即美德"中的知识是指理念性的美德知识（《美诺篇》："美德即知识"），朱熹的致知之知则是指日常生活中的仁义礼智信，与理念

---

[1] 诚意，是真实好善恶恶，无夹杂。又曰："意不诚，是私意上错了；心不正，是公道上错了。"又曰："好乐之类，是合有底，只是不可留滞而不消化。无留滞，则此心便虚。"（朱熹《朱子语类》卷十六）

[2] 侃去花间草，因曰："天地间何善难培，恶难去？"先生曰："未培未去耳。"少间，曰："此等看善恶，皆从躯壳起念。便会错"。侃未达。曰："天地生意，花草一般。何曾有善恶之分？子欲观花，则以花为善，以草为恶；如欲用草时，复以草为善矣。此等善恶，皆由汝心好恶所生，故知是错。"曰："然则无善无恶乎？"曰："无善无恶者理之静，有善有恶者气之动。不动于气，即无善无恶，是谓至善。"曰："佛氏亦无善无恶。何以异？"曰："佛氏着在无善无恶上，便一切都不管。不可以治天下。圣人无善无恶。只是无有作好，无有作恶。不动于气。然遵王之道，会其有极。便自一循天理，便有个裁成辅相。"（王阳明《传习录》一○一）

[3] 守衡问："《大学》工夫只是诚意，诚意工夫只是格物。修齐治平，只诚意尽矣。又有'正心之功，有所忿懥好乐，则不得其正'，何也？"先生曰："此要自思得之，知此则知未发之中矣"。守衡再三请。曰："为学工夫有浅深。初时若不看实用意去好善恶恶，如何能为善去恶？这着实用意便是诚意。然不知心之本体原无一物，一向着意去好善恶恶，便又多了这分意思，便不是廓然大公。《书》所谓无有作好作恶，方是本体。所以说'有所忿懥好乐，则不得其正'。正心只是诚意工夫，里面体当自家心体，常要鉴空衡平，这便是未发之中。"（王阳明《传习录》一一九）

无关。苏格拉底的美德所包含的内涵与《大学》的诚意、正心也不完全一样。用朱熹自己的话概括就是"事理通达，而心气和平"（《论语集注·季氏第十六》）。格物、致知就能做到"事理通达"，"心气和平"就是意诚、心正。心正则身修，身修就可以齐家、治国、平天下。王阳明认为《大学》的关键在于明明德。明明德自然就包括亲民与止于至善。明明德的功夫虽然也是格物、致知等五个环节，但这五个环节乃至八目都只是同一事物不同称谓，不可分割。因此，如果说朱熹对《大学》解读得出的结论是知识才能带来美德，那么王阳明解读《大学》得出的结论就是，既然知识才能带来美德，培养美德干吗要格外物，何不从心着手？心外无物、心外无知嘛。王阳明用所谓的四句教加以总结："无善无恶是心之体，有善有恶是意之动，知善知恶是良知，为善去恶是格物。"（王阳明《传习录》一三五）由于明明德的五个环节，甚至三纲和八目中的十一个环节都只是一个事情不同环节的称谓，王阳明就用致良知三个字概括四句教。用明明德或诚意、正心等也可以概括他对《大学》的解读。

进一步分析四句教，我们会发现四句教带来了四个问题。一、既然心之本体是无善无恶的，为什么意之动又产生了善恶？二、如果心之本体是无善无恶的，那么我们如何面对意之动所产生的善与恶？三、既然无善无恶是心之体，人性又是善的，那么无善无恶的心体与善的人性之间是什么关系？如果心之本体无善无恶，那就不能说人性是善的。反之，如果说人性是善的，那么心之本性就不是无善无恶的。四、由谁或根据什么标准来判断某物是善的、是恶的还是不善不恶的？

对第一个问题，在《传习录》第三一五则公案中，钱德洪和王汝中进行了讨论。钱德洪认为，王阳明的核心思想是四句教，即"无善无恶是心之体，有善有恶是意之动，知善知恶是良知，为善去恶是格物"。王汝中则认为四句教存在问题。如果心是无善无恶的，那么意也是无善无恶的，知也是无善无恶的，物也是无善无恶的。如果说意、知、物有善有恶，那就说明心体不是无善无恶的，而是有善有恶的。二人争论不下，就去请王阳明做评判。王阳明对二人的观点都既有肯定又有否定。王阳明认为，从心的本源上说，王汝中的观点是对的，因为如果心是无善无恶的，意、知、物当然也是无善无恶的。源是清的，流应当也是清的。因此，从这个意义上说，王汝中的观点是对的。但是，在现实中，大多数人的良知会受到遮蔽，因而意、知、物就会有善有恶。虽然源头是清的，但在流动途中受到了污染。污染极少的容易去除，佛教称为利根之人。王阳明也引用了利根这个说法。但是，这种利根之人非常少。王汝中的观点对绝大多数钝根之人不适用。与王汝中相反，钱德洪的观点恰恰适用于绝大多数受到较重污染或严重污染的钝根之人。这种人难以快速地领悟心之本体，只能采用曾子"吾日三省吾身"的方法，不断减少自己的错误，去除遮蔽，慢慢达到孔子所谓"从心所欲，不逾矩"的明明德境界。因此，王阳明对王汝中和钱德洪的观点都既肯定又否定。二人如果各执己见，"跟前便有失人，便于道体各有未尽"（王阳明《传习录》一三五）。如果王汝中执己之见，对钱德洪就不适用；如果钱德洪执己之见，对王汝中就不适用。二人的观点应当相互补充借用。因为世界上钝根多，利根少，所以旧四句教的适用性更广[1]。

王阳明关于利根、钝根的说法就引出第二个问题：如果心之本体是无善无恶的，那么我们如何面对意之动所产生的善恶？对这个问题，我们可以借助庄子思想进行分析。庄子在《齐物论》中将物分为无物之物、无封之物和有封之

---

[1] 丁亥年九月，先生起复征思、田。将命行时，德洪与汝中论学。汝中举先生教言曰："无善无恶是心之体，有善有恶是意之动，知善知恶是良知，为善去恶是格物。"德洪曰："此意如何？"汝中曰："此恐未是究竟话头。若说心体是无善无恶，意亦是无善无恶的意，知亦是无善无恶的知，物亦是无善无恶的物矣。若说意有善恶，毕竟心体还有善恶在。"德洪曰："心体是天命之性，原是无善无恶的。但人有习心，意念上见有善恶在，格、致、诚、正、修，此正是复那性体功夫，若原无善恶，功夫亦不消说矣。"是夕侍坐天泉桥，各举请正。先生曰："我今将行，正要你们来讲破此意。二君之见正好相资为用，不可各执一边。我这里接人原有此二种。利根之人直从本原上悟入。人心本体原是明莹无滞的，原是个未发之中。利根之人一悟本体，即是功夫，人己内外，一齐俱透。其次不免有习心在，本体受蔽，故且教在意念上实落为善去恶。功夫熟后，渣滓去得尽时，本体亦明尽了。汝中之见，是我这里接利根人的；德洪之见，是我这里为其次立法的。二君相取为用，则中人上下皆可引入于道。若各执一边，跟前便有失人，便于道体各有未尽。"既而曰："已后与朋友讲学，切不可失了我的宗旨：无善无恶是心之体，有善有恶是意之动，知善知恶的是良知，为善去恶是格物，只依我这话头随人指点，自没病痛。此原是彻上彻下功夫。利根之人，世亦难遇，本体功夫，一悟尽透。此颜子、明道所不敢承当，岂可轻易望人！人有习心，不教他在良知上实用为善去恶功夫，只去悬空想个本体，一切事为俱不着实，不过养成一个虚寂。此个病痛不是小小，不可不早说破。"（王阳明《传习录》三一五）

物[1]。我们只能对有封之物产生是非好恶。无物之物是我们感觉到而没有意识到之物，因而在物我之间、物物之间没有区分。无封之物是我与物有区分，但物与物之间没有区分之物。有封之物就是物、我有区分，物之间也有区分，但不存在是非之分的物[2]。封指物与物的界限。关于无物之物的思想，除道家之外，还有很多理论，如印度教的无物思想，佛教的无物思想。佛教的无物思想又分为如来藏的无物思想、中观论的无物思想和唯识论的无物思想。王阳明的无物思想借鉴了如来藏的无物思想。在《传习录》三三七公案中，当王汝中问王阳明什么是实相、什么是幻相时，王阳明回答说，心的本体是幻的，但心之用是实的[3]。这里所谓的幻就是无物的意思，所谓的实就是有物的意思。王阳明在《咏良知四首示诸生》中还提及如来藏，"无声无臭独知时，此是乾坤万有基。抛却自家无尽藏，沿门持钵效贫儿"。这里的无尽藏就是如来藏。从这两个地方可以看出，王阳明的无善无恶之物是指佛教如来藏所说的无物，特别是禅宗所说的无物[4]。因此，王阳明和他的学生才会看到满街都是圣人[5]，才会说前与后、

---

[1] 古之人，其知有所至矣。恶乎至？有以为未始有物者，至矣，尽矣，不可以加矣。其次以为有物矣，而未始有封也。其次以为有封焉，而未始有是非也。是非之彰也，道之所以亏也。道之所以亏，爱之所之成。（庄子《庄子·齐物论》）

[2] 无物之物是指我与物之间混而为一。我们与混而为一的物之间存在分别时，就是无封状态；当物与物之间存在分别时，就是有封状态。譬如一匹马，当我们称之为马时，马就是有封之物；当我们称之为东西而与其他任何东西没有分别时，马就是无封之物；当我们喜欢这匹马时，马就是有是非善恶之物。"以指喻指之非指，不若以非指喻指之非指也；以马喻马之非马，不若以非马喻马之非马也。天地一指也，万物一马也。"（庄子《庄子·齐物论》）

[3] 先生起行征思、田，德洪与汝中追送严滩，汝中举佛家实相幻相之说。先生曰："有心俱是实，无心俱是幻；无心俱是实，有心俱是幻。"汝中曰："有心俱是实，无心俱是幻，是本体上说工夫；无心俱是实，有心俱是幻，是功夫上说本体。"先生然其言。（王阳明《传习录》三三七）

[4] 前文王阳明的四句教与禅宗基本经典《坛经》中所谓的渐修思想接近，"身是菩提树，心如明镜台，时时勤拂拭，勿使惹尘埃"（《坛经》）。王如中的思想与《坛经》中所谓的顿悟思想接近，"菩提本无树，明镜亦非台，本来无一物，何处惹尘埃？"、"何期自性，本自清净……何期自性，能生万法"。此外，王阳明心外无物的思想以及对心外无物思想的论证接近大乘佛教唯识宗中遍计所知相的论证。

[5] 一日，王汝止出游归，先生问曰："游何见？"对曰："见满街人都是圣人。"先生曰："你看满街人是圣人，满街人倒看你是圣人在。"又一日，董萝石出游而归，见先生曰："今日见一异事。"先生曰："何异？"对曰："见满街人都是圣人。"先生曰："此亦常事耳，何足为异？"（王阳明《传习录》三一三）

内与外、无事与有事、阴与阳是一体的，才会断定"静亦定、动亦定"[1]。

无物之物是物的原本状态。有了无物之物，才能在我与混一的物之间有分别对待，产生无封之物；有了无封之物，才能在混一的物之间有分别对待，产生有封之物，进而产生是非好恶。其中，无封之物和有封之物都是与自我相对待之物，可以统称为有物之物或日常之物。因此，我们可以说，先有无物之物才产生有物之物，有了有物之物，才会有是非好恶之物[2]。

---

[1] 来书云："此心未发之体，其在已发之前乎？其在已发之中而为之主乎？其无前后内外而浑然一体者乎？今谓心之动静者，其主有事无事而言乎？其主寂然感通而言乎？其主循理从欲而言乎？若以循理为静，从欲为动，则于所谓'动中有静，静中有动，动极而静，静极而动'者不可通矣。若以有事而感通为动，无事而寂然为静，则于所谓'动而无动，静而无静'者不可通矣。若谓未发在已发之先，静而生动，是至诚有息也，圣人有复也，又不可矣。若谓未发在已发之中，则不知未发已发俱当主静乎？抑未发为静而已发为动乎？抑未发已发俱无动无静乎？俱有动有静乎？幸教。""未发之中"即良知也，无前后内外而浑然一体者也。有事无事可以言动静，而良知无分于有事无事也。寂然感通，可以言动静，而良知无分于寂然感通也。动静者所遇之时，心之本体固无分于动静也。理无动者也，动即为欲，循理则虽酬酢万变而未尝动也，从欲则虽槁心一念而未尝静也。动中有静，静中有动，又何疑乎？有事而感通，固可以言动，然而寂然者未尝有增也。无事而寂然，固可以言静，然而感通者未尝有减也。动而无动，静而无静，又何疑乎？无前后内外而浑然一体，则至诚有息之疑不待解矣。未发在已发之中，而已发之中未尝别有未发者在；已发在未发之中，而未发之中未尝别有已发者存，是未尝无动静，而不可以动静分者也。凡观古人言语，在"以意逆志"而得其大旨，若必拘滞于文义，则"靡有孑遗"者，是周果无遗民也。周子"静极而动"之说，苟不善观，亦未免有病。盖其意从"太极动而生阳，静而生阴"说来。太极生生之理，妙用无息，而常体不易。太极之生生，即阴阳之生生。就其生生之中，指其妙用无息者而谓之动，谓之阳之生，非谓动而徒生阳也。就其生生之中，指其常体不易者而谓之静，谓之阴之生，非谓静而后生阴也。若果静而后生阴，动而后生阳，则是阴阳动静截然各自为一物矣。阴阳一气也，一气屈伸而为阴阳；动静一理也，一理隐显而为动静。春夏可以为阳为动，而未尝无阴与静也；秋冬可以为阴为静，而未尝无阳与动也。春夏此不息，秋冬此不息，皆可谓之阳、谓之动也；春夏此常体，秋冬此常体，皆可谓之阴、谓之静也。自元、会、运、世、岁、月、日、时，以至刻、秒、忽、微，莫不皆然，所谓动静无端，阴阳无始，在知道者默而识之，非可以言语穷也。若只牵文泥句，比拟仿像，则所谓心从《法华》转，非是转《法华》矣。（王阳明《传习录》一五七）不睹不闻，无思无为，非槁木死灰之谓也。睹、闻、思、为，一于理，而未尝有所睹、闻、思、为，即是动而未尝动也，所谓"动亦定，静亦定"，体用一原者也。（王阳明《传习录》一五六）
[2] 庄子在《齐物论》中阐释先有无封之物后有有封之物时说："劳神明为一而不知其同也，谓之朝三。何谓朝三？狙公赋芋，曰：'朝三而暮四，'众狙皆怒。曰：'然则朝四而暮三，'众狙皆悦。名实未亏而喜怒为用，亦因是也。是以圣人和之以是非而休乎天钧，是之谓两行。"（庄子《庄子·齐物论》）由此可以推论，先有无物之物后有无封之物，先有有封之物，后有是非好恶。

这里会引出一个问题：原本的无物之物怎么会产生有物之物，有物之物又怎么产生了是非之物？庄子认为，从无物之物产生有物之物是由于产生了异常情况。庖丁宰牛时，一般凭感觉（"以神遇而不以目视"），即以无物之心对待牛。但当碰到了异常情况时，庖丁就盯着牛看，即以有物之心对待牛[1]。可见，从有物之物产生好恶是由于我们的成见、偏见，符合我们偏见的就是对的，不符合的就是错的。

由第一个问题会引出第二个问题。如果心是无善无恶的，意也是无善无恶的，那么在日常生活中，我们如何面对世事的善恶呢？如果否认善恶，那他心中还是有自己的善恶标准；如果以善恶之心看待世俗的善恶，那心中就有善恶。解决的办法就是以无善无恶之心顺随世俗的善恶[2]，就像《道德经》第二章所说的那样，以"不尚"、"不贵"、"不见"之心对待贤人、难得之货、可欲之物这些有善有恶的人或物[3]。

四句教还会引出第三个问题，即无善无恶的心体与善的人性之间是什么关系。根据四句教，心无善恶之分，是至善的[4]。而根据孟子的理论，人性是善的。至善论与性善论不完全相同。对这个问题，王阳明没有做过多的分析，而佛教中有相关的探讨[5]。

四句教还会引发第四个问题，即由谁或根据什么标准来判断一物是善的、是恶的还是不善不恶的？王阳明说，按照自己的是非好恶之心行事就合乎良

---

[1]　"虽然，每至于族，吾见其难为，怵然为戒，视为止，行为迟"（庄子《庄子·养生主》）
[2]　圣人无善无恶，只是无有作好，无有作恶，不动于气。（王阳明《传习录》一〇一）"无有作好"、"无有作恶"出自《尚书·洪范》。原文为："无偏无陂，遵王之义；无有作好，遵王之道；无有作恶，遵王之路。"从这个角度看，良知不完全是与生俱来的，至少有世俗的参与。譬如，有些国家的人为了尊重他人，就用他人的名字命名自家的狗。这在中国是极大的侮辱。这种习俗已经深入人心，成了良知的一部分。
[3]　不尚贤，使民不争；不贵难得之货，使民不为盗；不见可欲，使民心不乱。（《道德经》第二章）
[4]　无善无恶者理之静，有善有恶者气之动。不动于气，即无善无恶，是谓至善。（王阳明《传习录》一〇一）
[5]　在佛教中，世俗的善、恶和非善非恶都是有漏的，会给人们带来烦恼。真正不给人们带来烦恼的是无漏善。孟子的善是世俗中的善，王阳明"有善有恶意之动"所指的善也是世俗中的善。而无善无恶的善应该指无漏善，但从唯识论来看，还是有漏善。有关的资料就不引述了。

知[1]。然而，普通人的良知都会被遮蔽，行事很难完全出自良知，这需要良知没有被遮蔽者的教育和指导。什么人的良知没有被遮蔽呢？王阳明根据《中庸》说，只有生而知之的圣人、学而知之的贤人和困而知之的学者[2]。但这又会引出另外一个问题：我们根据什么标准来判断一个人是圣人、"学而知之"的贤人和"困而知之"的学者呢？王阳明并没有给出技术性的判断标准[3]。

通过以上分析，四句教所引发的四个问题基本得到了解决。为了便于区分，我们将无善无恶是心之体、有善有恶是意之动、知善知恶是良知、为善去恶是格物这四句话称为前四句教，以前四句教为核心的思想称为王阳明的前期思想。而将"心体是无善无恶、意亦是无善无恶的意、知亦是无善无恶的知、物亦是无善无恶的物"这四句话称为后四句教，以后四句教为核心的思想称为王阳明的后期思想。

后四句教不仅基本避免了前四句教中存在的问题，而且解决了朱熹与陆九渊关于周敦颐《太极图说》中"无极而太极"的争论[4]，让新古典儒家思想有了理论上的完整。周敦颐是新古典儒家的创始人，其代表作为《太极图说》和《通书》。《太极图说》开头写道："无极而为太极"。对这句话，陆九渊的四哥陆九韶

---

[1] "良知只是个是非之心，是非只是个好恶，只好恶就尽了是非，只是非就尽了万事万变。"又曰："是非两字，是个大规矩，巧处则存乎其人。"（王阳明《传习录》二八八）
[2] 不可谓未发之中常人俱有。盖体用一源。有是体即有是用，有未发之中即有发而皆中节之和。今人未能有发而皆中节之和，须知是他未发之中，亦未能全得。（王阳明《传习录》四五）
[3] 禅宗永明寿禅师在《宗镜录》中制定了十条判断悟道的标准可以作为参考。1、还得了了见性，如昼观色，似文殊等否？ 2、还逢缘对境，见色闻声，举足合足，开眼合眼，悉得明宗，与道相应否？ 3、还览一代时教，及从上祖师言句，闻深不怖，皆得谛了无疑否？ 4、还因差别问难，种种征诘，能具四辩，尽决他疑否？ 5、还于一切时一切处智照无滞，念念圆通，不见一法能为障碍，未曾一刹那中暂令间断否？ 6、还于一切逆顺好恶境界现前之时，不为间隔，尽识得破否？ 7、还于百法明门心境之内，一一得见微细体性根原起处，不为生死根尘之所惑乱否？ 8、还向四威仪中行住坐卧，钦承只对，着衣吃饭，执作施为之时，一一辩得真实否？ 9、还闻说有佛无佛，有众生无众生，或赞或毁，或是或非，得一心不动否？ 10、还闻差别之智，皆能明达，性相俱通，理事无滞，无有一法不鉴其原，乃至千圣出世，得不疑否？（永明寿禅师《宗镜录》卷一）
[4] 《太极图说》首句原为"自无极而为太极"。南宋朱熹说，原文本应"无极而太极"，"自"、"为"二字，是修史者所增（见朱熹《记濂溪传》《邵州州学濂溪先生祠记》）。后元修《宋史》即采朱说。

提出了异议，认为"无极而为太极"不是周敦颐成熟的思想，至少不是其思想成熟时所作，因为在《太极图说》之后写作的《通书》没有提及无极。他曾就这一问题与朱熹进行过讨论，但双方经过两次书信往复后，陆九韶就不愿再辩论。这个讨论就终止了。后来，陆九渊接过了这个问题与朱熹辩论。陆九渊也认为"无极而为太极"不是周敦颐的思想[1]，并指出"无极"可能与《道德经》有关[2]。

陆九渊之所以要继续他哥哥继续进行这场论辩，是因为他自己的核心思想是心即理。这个理也叫太极、道。如果按照"无极而太极"的思想，就会出现"无心而有心"的问题。其中，"太极"之极是"中"的意思。而朱熹将"太极"之极解释为"极致"，"太极"就是超越有形的"极致"而无形，"无极"就是说太极之理是形而上的[3]。"无极"是对"太极"的修饰词。因此，朱熹不存在陆九渊所面临的问题。由于朱熹和陆九渊二人都坚持自己的观点，谁也没有说服谁。这场争论最终不了了之。

作为心学的集大成者，王阳明前期的思想同样面临"无极而太极"带来的"无心而有心"的困境。但如果按照后四句教，这个问题就会迎刃而解——"无极"是无物之物或无物之理，"太极"就是日常之物或日常之理，"无极而太极"意为以无物之心对待日常之物或日常之理。这样，朱熹、陆九渊关于"无极而太极"的争论在王阳明这里就不存在了。至于这个思想是否源于老子，王阳明是不在意的。既然佛教思想都可以借鉴，道家思想当然也可以采用。关键是能解决问题。

王阳明的后四句教不仅解决了朱熹与陆九渊关于周敦颐《太极图说》中"无极而太极"的争论，也让儒家理论具有了相对的完整性。参照庄子对物的分类，可以将物与心的关系分为三种，一是以物的显现为主导的关系，二是以心对物的呈现为主导的关系，三是物的显现与心对物的呈现混而为一的关系。朱熹和

---

[1] 盖《通书·理性命章》，言中焉止矣……未尝于其上加无极字。《动静章》言五行、阴阳、太极，亦无无极之文。（陆九渊《陆九渊集》卷二）
[2] 知其白，守其黑，为天下式。为天下式，常德不忒(tè)，复归于无极。（《道德经》第二十八章）
[3] "无极而太极"，只是无形而有理。周子恐人於太极之外更寻太极，故以无极言之。既谓之无极，则不可以有底道理强搜寻也。（朱熹《朱子语类》卷九四）

前期王阳明的思想分别属于第一种和第二种，对第三种没有涉及，因而是不完整的。王阳明的后期思想正好补上了。于是，朱熹思想和王阳明思想构成了理论上的完整性[1]。这正是为什么在朱熹、王阳明之后，儒家再没有出现能与他们相抗衡的第三种思想的原因。钱德洪不知其中三昧，在《传习录》三三七则公案后特意加上按语说，公案中王阳明关于实相、幻相的思想只是"因问偶谈"，儒家"不必借此立言"[2]。

联系到西方哲学，王阳明的后期思想还有另外一层意义。从前期王阳明心外无物的思想看，它与贝克莱"存在就是被感知"理论十分接近[3]。但贝克莱理论无法与王阳明后期的思想相比拟。贝克莱的理论只涉及感知，没有涉及感觉；只涉及有物之物，没有涉及无物之物。王阳明的后期思想涉及的恰恰是贝克莱所没有注意到的感觉世界和无物世界。从这个角度来说，王阳明的思想比贝克莱的更为深刻。当然，贝克莱的理论是在西方理念背景下提出的，而中国古代思想，包括王阳明思想，都没有涉及理念，因而贝克莱思想也有王阳明不知的东西。因此，我们只能说王阳明后期思想让儒家理论有了相对的完整性，而不是绝对的完整性。绝对的完整性还应该包括理念思想。这个问题将在下文继续探讨。

我们将王阳明前、后期四句教以及王阳明与朱熹对《大学》的不同解读列表如下。

	前期王阳明思想	后期王阳明思想
心	无善无恶心之体。	心是无善无恶的。
意	有善有恶意之动。	意是无善无恶的。
知	知善知恶是良知。	知是无善无恶的。

---

[1] 参见黑尔德《世界现象学·真理之争》中的相关分析（克劳斯·黑尔德：《世界现象学》，生活·读书·新知三联书店出版，2003）。

[2] 洪于是时尚未了达，数年用功，始信本体工夫合一。但先生是时因问偶谈，若吾儒指点人处，不必借此立言耳！（王阳明《《传习录》三三七）

[3] 乔治·贝克莱《人类知识原理》，关文运译，商务印书馆出版，2010年。

物	为善去恶是格物。	物是无善无恶的。
总结	前四句教：无善无恶心之体，有善有恶意之动，知善知恶是良知，为善去恶是格物。	后四句教：心是无善无恶的，意是无善无恶的，知是无善无恶的，物是无善无恶的。

	朱熹	前期王阳明	后期王阳明
格物致知	1. 格物——穷至事物之理，欲其极处无不到也。 2. 致知——推极吾之知识，欲其所知无不尽也。 3. 格物致知的关系——致知、格物，只是一事，非是今日格物，明日又致知。格物，以理言也；致知，以心言也。	1. 格物——为善去恶是格物。 2. 知善知恶是良知，致良知就是使天生的良知呈现。 3. 格物致知是同一事物的两个环节。	物是无善无恶的，无需再格物。知是无善无恶的，无无需再致知。
诚意 如何诚意	人时时都要诚意，但只有达到格物至才能真正做到的意诚。 无所不知，知其不善之必不可为，故意诚。	有善有恶意之动。格物致知的过程就是诚意的过程。 格物、致知就是诚意。	意是无善无恶的，无需再诚意。 格物、致知、诚意混而为一。
正心 修身	事有当怒当忧者，但过了则休，不可常留在心。颜子未尝不怒，但不迁耳。（朱熹《朱子语类》卷十六）	无善无恶心之体。意诚则心正。心为身之主宰，心正则身修。	心本来就是无善无恶的，无需再正心、修身。
齐家 治国 平天下	以新民为出发点。	以亲民为出发点。	以亲民为出发点。

经过以上分析，我们可以看出，朱熹与王阳明对《大学》解读的不同之处在于，朱熹解读的前提是有理才有物、物在心外，王阳明解读的前提是心外无物、心外无理。既然心外无物、心外无理，任何物、任何理都要通过心才会得知，那么明明德就不需要通过朱熹所谓的格外物以穷理来实现。这样看来，朱熹好像是错误的。但是，一种流传近千年的思想不可能如此不堪一击。我们再来分析王阳明的心外无物说。前文说过，王阳明所谓的心外无物不是说，世界上的物是由心凭空造出的，而是说物是意之所在（王阳明《传习录》六："意之所

在便是物"）。也就是说，无物之物是心与意之所在的东西共同构成的。没有这种意之所在的东西直接或间接的刺激，我们的心就无法感知到物，这种东西包括无物之物和有物之物。既然包括有物之物，就无法驳倒朱熹的物在心外之说。以致知为例，孟子说，当我们看到一个小孩马上要掉到井里时，就会不计利害地救起小孩。这种不计利害的知就是王阳明所谓的良知，是人性善的表现。这里，良知所对应的心，孟子称之为恻隐之心。小孩马上要掉到井里这件事就是物。可见，恻隐之心是由小孩马上要掉到井里这件事（物）引起的，即小孩马上掉到井里这件事刺激了我，引起了我的注意，于是我们的意就放在这件事上。然后，我根据事物之理对这件事进行判断（而不是掺杂利害的判断），做出救人的行动。这恰恰就是朱熹的思想。此外，王阳明认为良知的呈现是不假思考的，如看到小孩马上要掉到井里，我们就会本能地去救助。但是，世界上的事情不都像小孩掉到井里那么简单，譬如杀人，有故意杀人，有过失杀人。对这些不同杀人情况的处理就需要经验，乃至非常高深的专业知识。正因如此，《孟子》开篇专门进行义、利之辨，曾子则通过"吾日三省吾身"的方式进行反思，以期最终达到孔子所谓的"从心所欲不逾矩"。这个过程不就是二程所说的、朱熹所引述的"今日格一件，明日又格一件，积习既多，然后脱然有个贯通处"的方法吗？以解读《大学》而言，对于修身之后的环节，朱熹认为它们的基础是新民，而王阳明认为是亲民。这不是不加思考就能加以判断的，即使经过思考也未必能得到一致的答案。

提到王阳明心外无物的思想，就会涉及朱熹物在心外的思想。反之，没有心外无物的心，我们连物都不会知道。因此，只从他们二人的理论看，它们的关系就像是鸡生蛋还是蛋生鸡的问题一样说不清楚。为了看清楚朱熹和王阳明理论之间的关系，我们借助胡塞尔的理论进行分析[1]。胡塞尔是现象学的创始人，他认为，我们通过反思就可以发现人的任何活动都有五个不可分割的环节：心理活动、心理情绪、心理意向、意向之物（包括意向对象和狭义的意向之物。意向构成的物与人混而为一就是狭义的意向之物。反之，意向构成的物与人相

---

[1] 埃德蒙德·胡塞尔：《胡塞尔文集》，商务印书馆，2017。

对待的就是意向对象）和所指之物（包括所指对象和狭义的所指之物。外在之物与人混而为一就是狭义的所指之物。反之，外在之物与人相对待的就是所指对象）。以一张桌子为例，当你指着一张桌子对朋友说："这是刚买的桌子。"这时，我们所说的桌子就是所指对象。不过，我们无法看到这张桌子的全部，只能看到桌子的某一面。当我走到前面时，就看不到后面；当我们走到后面时，又看不到前面。即使我能看到桌子所有的面（如借助镜子），也无法看到桌子的内部。即使我们通过技术手段看到桌子内部，别人看到的与我看到的也不一样。我关注的是桌子的使用功能，一个数学家关注的可能是桌子的形状，一个工程师关注的可能是这张桌子的材料。因此，我们每个人看到的桌子实际上是由我们所关注到的不同面向所构成的，这就是意向对象。只不过，在日常生活中，我们经常将其与所指对象混而为一了。我们看到桌子时的心理指向就是心理意向，即《大学》中所谓的意。伴随心理意向则有心理活动，心理活动所带有的情绪就是心理情绪。

我们人的任何活动必然同时有这五个环节，缺少一个环节就无法进行活动。朱熹和王阳明的思想同样都离不开这五个环节。据此，我们可以分析他们的理论分歧到底在哪里。在心理活动、心理情绪和心理意向等三个环节，朱熹和前期王阳明没有什么区别。他们都认为，诚意之意是心之所发（心理意向），心之所发伴随着心理活动和心理情绪[1]。他们二人理论的不同主要体现在对物的阐释上。

朱熹的格物之物指所指之物，因而物在心外；王阳明所说的物指意向之物（格物之物则是指意向之物中的恶之物），因而心外无物。所指之物和意向之物在佛教唯识论中都叫所缘缘，前者叫疏所缘缘，后者叫亲所缘缘。有亲所缘缘或意向之物，我们心中才会有所指之物；如果没有意向之物，我们心中根本不知

---

[1] 问："形体之动，与心相关否？"曰："岂不相关？自是心使他动。"曰："喜怒哀乐未发之前，形体亦有运动，耳目亦有视听，此是心已发，抑未发？"曰："喜怒哀乐未发，又是一般。然视听行动，亦是心向那里。若形体之行动心都不知，便是心不在。行动都没理会了，说甚未发！未发不是漠然全不省，亦常醒在这里，不恁地困。"（朱熹《朱子语类》卷五）有善有恶是意之动，（王阳明《传习录》三一五）

道任何东西。反过来，有意向之物不一定有所指之物，如我们可以想象一头眼前并不存在的牛，但是，朱熹的格物之物是指日常感知之物，日常感知之物一定有意向之物。因此，朱熹的格物之物离不开王阳明的心外无物之物，王阳明的心外无物之物也离不开朱熹的格物之物。他们的不同之处在于朱熹只强调所指之物，王阳明只强调意向之物。由于物的不同，他们的致知之知（理）也就不同。朱熹的理指对外物的知觉之理或感知之理[1]，王阳明的理则指心的良知。

除了所指之物和意向之物外，物还有一种形式——所指之物和意向之物未分的状态，这就是无物之物。后期王阳明思想中的物就属于这种物。关联这种特殊意向之物的心理情绪也是特殊的心理情绪，是无好无恶的[2]。伴随特殊意向之物的心理活动也是一种特殊的性理活动，用王阳明的说法，只有静而没有动——依良知而动则动也是静，静也是静；不依良知而静则静也是动，动也是动。

所指之物、意向之物和无物之物在逻辑上构成严密的分类。朱熹理论中的物是第一种物，前、后期王阳明的物是第二、第三种物。因此，从物的角度看，

---

[1] 所知觉者是理。理不离知觉，知觉不离理。（朱熹《朱子语类》卷五）
[2] 侃去花间草，因曰："天地间何善难培，恶难去？"先生曰："未培未去耳。"少间，曰："此等看善恶，皆从躯壳起念，便会错。"侃未达。曰："天地生意，花草一般，何曾有善恶之分？子欲观花，则以花为善，以草为恶；如欲用草时，复以草为善矣。此等善恶，皆由汝心好恶所生，故知是错"。曰："然则无善无恶乎？"曰："无善无恶者理之静，有善有恶者气之动。不动于气，即无善无恶，是谓至善。"曰："佛氏亦无善无恶，何以异？"曰："佛氏着在无善无恶上，便一切都不管，不可以治天下。圣人无善无恶。只是无有作好，无有作恶，不动于气。然遵王之道，会其有极，便自一循天理，便有个裁成辅相。"曰："草既非恶，即草不宜去矣。"曰"如此却是佛、老意见。草若是碍，何妨汝去？"曰："如此又是作好作恶？"曰："不作好恶，非是全无好恶，却是无知觉的人。谓之不作者，只是好恶一循于理，不去又着一分意思。如此，即是不曾好恶一般。"曰："去草如何是一循于理，不着意思？"曰："草有妨碍，理亦宜去，去之而已。偶未即去，亦不累心。若着了一分意思，即心体便有贻累，便有许多动气处。"曰："然则善恶全不在物？"曰"只在汝心。循理便是善。动气便是恶"。曰："毕竟抑无善恶？"曰："只在汝心，循理便是善，动气便是恶。"曰："毕竟物无善恶。"曰："在心如此，在物亦然。世儒惟不知此，舍心逐物，将格物之学错看了，终日驰求于外，只做得个义袭而取，终身行不著，习不察。"曰："'如好好色，如恶恶臭'，则如何？"曰："此正是一循于理；是天理合如此，本无私意作好作恶。"曰："'如好好色，如恶恶臭'，安得非意？"曰："却是诚意，不是私意。诚意只是循天理。虽是循天理，亦着不得一分意，故有所忿懥好乐，则不得其正，须是廓然大公，方是心之本体。知此即知未发之中。"伯生曰："先生云：'草有妨碍，理亦宜去'，缘何又是躯壳起念？"曰："此须汝心自体当。汝要去草，是甚么心？周茂叔窗前草不除，是甚么心？"（王阳明《传习录》—〇一）

他们二人的理论构成理论上的完整性,成为儒家思想的双翼。

朱熹认为物在心外,王阳明认为心外无物,二人的思想并不相同,却都属于儒家。难道儒家是任人打扮的小姑娘吗?当然不是,这种情况的出现与儒家创始人孔子的个人经历、教育方式以及其所处的时代有关。我们从以下三个方面加以分析。

首先,孔子的经历及其所处的时代造成了文献记录过于简略。孔子自身述而不作,只能靠他的学生做记录。但孔子一生很大一部分时间在周游列国,跟随他的学生很不固定,因而没有一个固定的记录人员。加之孔子所在的时代是春秋末期,当时还没有发明纸张,普通人是用竹简进行记录。这种方法需要一定的技术,也非常麻烦。所以,不仅记录简略,而且不可避免地出现错误。即使经过多人审核的纪念文集《论语》也有前后重复的地方。有人说《春秋》可能是孔子晚年自己动笔写作的,因而相对可靠。但《春秋》的记录和评论也非常简略,所以才有《左传》《公羊传》和《谷梁传》。《左传》以补充事实为主,《公羊传》和《谷梁传》则对《春秋》的评论加以引申。然而,引申《春秋》评论的《公羊传》和《谷梁传》的观点也不完全一致。后人如朱熹对这两本书的观点并不完全认可。

其次,孔子因材施教的教学方式让后人难以明白它说话的真正含义。所谓因材施教就是根据学生的不同禀赋与水平进行个性化的教育。我们以《论语·先进》篇的一个对话为例加以说明。子路问孔子:"听到了(有道理的事)就去做吗?"孔子说:"你有父亲、哥哥在,怎么能听到就去做呢?"后来,冉有也问:"听到了(有道理的事)就去做吗?"孔子说:"听到了就去做。"公西华问:"子路问听到了就去做吗?你说有父亲、哥哥在;冉有问听到了就去做吗?你说听到了就去做。我有些糊涂了,请问是什么原因?"孔子说:"冉有做事犹豫,所以我要鼓励他;子路做事莽撞,所以我要压压他。"这段对话的记录相对比较完整,从中我们可以看出,孔子是如何根据个人的性格特点来施教的。这种因材施教的教学方法对学生本人非常有益,但后人无法还原当时的情景,理解起来就非常困难。《论语》记录的孔子言论大部分都是这样的。

第三,孔子思想的时间跨度大且一直在不断变化,让后人不知道哪些是孔子最终认可的思想。在《论语·为政》中，孔子说："吾十有五而志于学，三十而立，四十而不惑，五十而知天命，六十而耳顺，七十而从心所欲，不逾矩。"孔子四十年之前还惑着呢，而他四十岁之前就已经开始招收学生，七十岁还在从事教育活动。如果从七十岁往回看，孔子肯定对他以前所说的很多话不赞同。而《论语》基本上没记录某句话是孔子在什么年纪讲的。这让后人如何猜测哪些是孔子认可的思想呢？

文献简略、因材施教、思想时间跨度大且不断变化这些因素使得后人对孔子思想几乎不可能准确解读，朱熹与王阳明对《大学》的不同解读就是例证。当然，无法完全解读，并不等于没有任何线索可循，更不是说不要阅读儒家典籍。孔子是七十三岁去世的，他七十岁时"从心所欲不逾矩"。这句话应该是基本成熟的思想了。这句话的前半句涉及心，后半句涉及礼。荀子重视后半句，董仲舒和二程的思想在某种程度上都属于荀子的系统。孟子重视前半句，陆九渊和王阳明的思想属于孟子的系统。因此，从这个角度看，程朱理学、陆王心学都属于儒家思想。与古典儒家不同的是，程朱理学、陆王心学都引进了其他的思想资源阐释古典儒家思想，建立了新古典儒家，让儒家思想多姿多彩，使坏事变成了好事。

我们将用胡塞尔分析朱熹、王阳明思想的结论图示如下。

五个环节	朱熹思想	前期王阳明思想	后期王阳明思想
物	所指之物	意向之物	无物之物 （所指之物与意向之物不分）
知	理	良知	良知
情绪	善恶好恶	善恶好恶	无善无恶
心理活动	动静	动静	静而无动
心理意向	诚意之意	诚意之意	诚意之意

以上的分析只涉及无物之物和日常之物，没有涉及理念。然而，当今的任何思想都生存在以理念为核心的自然科学和西方主流哲学思想这个大背景之中。

因此，不与自然科学和西方主流哲学对话的思想，都属于闭门造车，自说自话。

为了将朱熹的理论、王阳明的理论与理念思想放在一起分析，我们使用道家的感觉和感知这两个维度对广义的物划分为四类：感觉到而没有感知到的无物之物、感觉到又感知到的有物之物、无法感觉到也无法感知到之物、无法感觉却能感知到之物。在这四类物之外，还有一类物是从有物之物中派生的特殊物，这就是西方的理念之物。唯识论认为物是由自己的识（广义的知）和别的识共同构成的，不存在前几种意义的物。但我们还是可以将唯识论意义上的物归为无物之物和有物之物。因此，我们可以将物划分为无物之物、有物之物、理念之物、无法感觉到也无法感知到的物和无法感觉却能感知到的物等五种类型。其中，有些无法感觉到也无法感知到之物可以运用间接手段感知到、感觉到、思维到，有些可能永远无法感知到、感觉到、思维到。前者可以归到其他类型的物之中，后者则只能当作与人不相关的物。于是，我们可以将与人类直接或间接相关的物分为三类，第一类是无物之物，第二类是日常的有物之物，第三类是广义的理念之物。与物相对应，我们也可以将知相应地分为无知之知（知而没注意到）、日常之知（注意到的日常之知）和理念之知。

我们首先分析无物之物思想。从思想史看，至少有印度教、印度佛教、中国化的佛教、道教和现象学从不同的角度对无物之物进行了不同的分析，其中，中国化佛教中的华严宗不仅对无物之物进行了深入的追问，对时空问题也提出了独特的领悟视角[1]，深远地影响了中国人的思维。我们这里不做全面阐述，只选取关系密切的两种无物之物理论——道家思想和海德格尔的现象学——进行比较[2]。

老子是中国本土最先系统阐述无物之物的思想家。在《道德经》第十四章，老子说："视之不见名曰夷，听之不闻名曰希，搏之不得名曰微……复归于无物。"因此，老子所谓的无物之物就是"视之不见"、"听之不闻"、"搏之不得"之物。"视之不见"、"听之不闻"、"搏之不得"是什么意思呢？《道德经》没有给出直接的说明。但我们从《庄子》庖丁解牛的故事中可以找到答案。庖丁是一位宰牛的屠夫。他宰牛时，眼睛不用盯着牛，只凭眼神感觉，刀刃就不会碰到骨头，也不会割到肉，完全顺着牛骨节的缝隙而游刃有余。因此，他十九年来宰了数千头牛，但刀刃还像是刚从磨刀石上磨出来的一样，技术远远超过他的同行。这里，凭眼神感觉就是"视之不见"的"视"，用眼睛盯着看则是"视之不见"的"见"。庖丁宰牛时就是"视之不见"。

从这里我们还可以推知"听之不闻"、"搏之不得"的含义。当我们在专心致志地看书时，窗外飘来了音乐之声。这声音当时没有引起我们的注意，但

---

[1] 《华严宗狮子章》勒十玄第七对无物之物和时空的追问，我们将其放在这个注释中。"一、金与狮子，同时成立，圆满具足，名同时具足相应门。二、若狮子眼收狮子尽，则一切纯是眼；若耳收狮子尽，则一切纯是耳。诸根同时相收，则一一皆杂，一一皆纯，为圆满藏，名诸藏纯杂具德门。三、金与狮子，相容成立，一多无碍；于中理事各各不同，或一或多，各住自位，名一多相容不同门。四、狮子诸根，一一毛头，皆以金收狮子尽。一一遍狮子眼，眼即耳，耳即鼻，鼻即舌，舌即身。自在成立，无障无碍，名诸法相即自在门。五、若看狮子，唯狮子无金，即狮子显金隐。若看金，唯金无狮子，即金显狮子隐。若两处看，俱隐俱显。隐则秘密，显则显著，名秘密隐显俱成门。六、金与狮子、或隐或显，或一或多，定纯定杂，有力无力，即此即彼，主伴交辉，理事齐现，皆悉相容，不碍安立，微细成办，名微细相容安立门。七、狮子眼耳支节，一一毛处，各有金狮子；一一毛处狮子，同时顿入一毛中。一一毛中，皆有无边狮子；又复一一毛，带此无边狮子，还入一毛中。如是重重无尽，犹天帝网珠，名因陀罗网境界门。八、说此狮子，以表无明；语其金体，具彰真性；理事合论，况阿赖耶，令生正解，名托事显法生解门。九、狮子是有为之法，念念生灭。刹那之间，分为三际，谓过去现在未来。此三际各有过现未来；总有三三之位，以立九世，即束为一段法门。虽则九世，各各有隔，相由成立，融通无碍，同为一念，名十世隔法异成门。十、金与狮子，或隐或显，或一或多，各无自性，由心回转。说理说事，有成有立，名唯心回转善成门。"
[2] 从已有的中文资料就可以看出，海德格尔对老子和庄子的文字比较熟悉，二十世纪五十年代还与萧师毅一起翻译过《道德经》（未完成）。

事后能回想起这音乐的声音。我们正在学习时听音乐的状态就是"听之不闻"的状态。我们看书时也没有在意我的脚踏在地板上，但事后能回想起当时我的脚踩在地板上的状态。那种状态就是"搏之不得"即接触到却没有注意到的状态。推而广之，一切只感觉到（视、听、搏等）物（包括事情、物、人等一切存有着的东西）却没有感知到的物就是无物之物。

自然科学和西方传统哲学对无物之物没有特别在意，直到现象学，特别是海德格尔才开始研究无物之物。与道家不同，海德格尔首先将日常之物看作工具，例如我们日常所用的饭桌是吃饭的工具，筷子是吃饭的工具。其次，他将工具分为两种状态，一种是称手状态（应手状态），一种是在手状态。当我们拿着一把锤子全神贯注地钉钉以致没有在意锤子的存在时，此时锤子就处于称手状态。可以看出，海德格尔称手状态中的工具就是老子的无物之物。不同的是，称手状态中的物处在一个结构之中，如钉钉是为了修椽子，修椽子是为了修理房子，修理房子是为了遮风避雨。这些都处在一个生存结构之中。此外，海德格尔认为，无物之物是在本真的时间中展现的[1]。在手状态中的物就是日常的有物之物。如果我们钉钉时，锤子的柄突然松了，我们拿起锤柄来查看是怎么回事。这时锤子就处于在手状态，变成了日常有物之物。

由于海德格尔的这种理论有唯我论之嫌，后期海德格尔就用这种方法，从"我们"的角度阐述物。以一座大桥为例，在出城的司机眼里，桥连接了城区与郊区；在农民的眼中，自己耕种的水果可以通过大桥进入城市；在散步者眼中，桥跨

---

[1] 对称手状态进一步反思可以发现，当人们与称手之物打交道时，不是凝目而视，物也不只是当下的瞬间，而是在我们的感觉上发生了感觉暂留。以日常所用的照明灯为例，它使用的是交流电，频率是 50 赫兹，也就是每 0.02 秒熄灭一次。但是，我们感觉不到灯的瞬间熄灭，这是因为 0.02 秒之前的灯光还停留在我们的感觉中。这就是感觉暂留。过去所有的感觉暂留重叠在一起就会形成感觉暂留区域。这个区域是当下发生之前的。另一方面，我们既然将灯看作照明工具，就将自己的预期加之于灯了。所有的预期也重叠为一个感觉区域，也是发生在当下发生之前的，但又指向未来。当下就是在这个区域和感觉暂留区域中发生的，与过去和未来的区域重叠不分，因而当下不是一个点，而是一个视域。这个视域就构成海德格尔所谓的本真时间，即时间性。日常时间源于这种时间性。同样的原因，本真的空间也是一个视域，日常空间源于这种本真的空间。时间、空间和无物之物的论述参见海德格尔的《存在与时间》（商务印书馆，2016）、《林中路》（商务印书馆，2015）、《演讲与论文集》（商务印书馆，2018）等资料。

越了湍急的水流，将两岸融为一体，直指遥远的天空。对不同的人而言，桥将万物潜在地联系在一起了，使之处在不同人的生存结构之中。世界上的物也如同锤子和桥一样，首先呈现的都是不同人眼中的"称手之物"状态。

无物之物是物的本原状态，有物之物派生于无物之物。在《庄子》庖丁解牛故事中，庖丁在正常宰牛时，对牛视而不见，这时的牛以无物之物的状态呈现。但到了筋骨交错的地方，庖丁就会谨慎小心，眼神专注地看着牛才敢下刀[1]。这时，原来以无物之物状态呈现的牛就以有物之物的状态呈现出来了。由此可见，无物之物是本原状态，有物之物是从无物之物中派生的。

与庄子一样，前期海德格尔也认为，称手状态之所以变成了在手状态只是因为碰到了障碍，如锤子不好使了，或想钉钉子，锤子却不在眼前。但在日常生活中，称手状态变成在手状态的原因不只是碰到了障碍，还可能是遇到了高兴的事，如我们在小区散步，突然看到一锭金子。金子就从无物之物变成了有物之物。因此，海德格尔后期将有物之物的出现归因为无物世界出现了异常状况，障碍和高兴都是无物状态的异常状态，都会让我们感到惊异。

对庄子和海德格尔的这种理论，有人可能会反驳说，譬如走路，我们人走路都是从不会到会、从有物状态到无物状态的，所以，有物之物在无物之物之前，而不是派生于无物之物。这个反驳没有考虑到在学走路之前，我们先处在无需思考就能使用手和脚的状态。无需思考就能使用手和脚的状态就是无物状态，走路则是异常状态。学走路就是为了应对无物状态中的异常状态，最终让其融入无物状态。人生在世就是不断应对无物世界中的有物状态，将其变为无物状态的过程。

还有人会说，既然无物世界是我们的正常状态，有物世界是从无物世界中派生的，那么我们的日常生活就应该经常处在无物世界之中，很少能意识到有物之物。可是，正好相反，我们并没有意识到无物之物，反而满眼看到的是有物之物。这种反驳虽然有道理，但他忘记了这样一个事实：我们对无物之物只能感觉到而不能意识到或注意到，对有物之物则不仅感觉到了，而且还意识到

---

[1] 虽然，每至于族，吾见其难为，怵然为戒，视为止，行为迟。（庄子《庄子·养生主》）

了或注意到了。譬如我们不小心将手指弄伤了，我们只会注意到受伤的手指（有物之物）。虽然我们一直在使用着身体的其他部位，但因为它们以无物的方式存在，我们就不会注意到。人类的生活就是如此，让我们操心的事情占据着我们的世界，那些支撑着我们日常生活的无物之物以及由之构成的无物世界倒不会引起我们的注意。

与日常之物源于无物之物一样，理念之物也源于日常之物。从柏拉图提出系统的理念思想之后，西方哲学就一直在试图找到理念产生的理论和方法，前面介绍的柏拉图顿悟法就是这种尝试之一。此后，亚里士多德、康德、黑格尔都在运用不同的理论解释理念是如何产生的，并试图找到发现理念的方法。但在胡塞尔看来，这些理论都不十分合理。他提出了本质直观的思想（广义的本质就是广义的理念）。他认为，我们人不仅有感性直观的能力，而且有本质直观的能力——直观到事物的本质，还可以通过本质还原的步骤确定事物的本质。第一步，直观或想象一个物，如杯子，然后通过自由想象创造出多种多样的例子（杯子）。第二步，在这些例子中找到一致不变的共同规定性，如用于喝水的功能。最后，将这一系列共同规定性加以组合就构成了事物的本质[1]。胡塞尔将这种方法确定的本质称为普遍化的本质。与之相对的，还有一种形式化的本质。寻找形式化本质也是用类似的方法，只不过要将事物（如杯子）改成事物之间的关系[2]。

无物之物构成的无物世界、日常之物构成的日常世界和理念之物构成的理念世界是我们能够打交道的世界。无物世界是我们生存的本原世界。在这个世界中，我们与他人之间虽然有关联，但不会引起我们的注意，因而我们生活在其中逍遥自在，处于一种没有感觉到自由的自然自由状态，没有权力与权利的

---

[1] 理念包括两种形式，一是普遍化，二是形式化。普遍化的内容指向事物领域，如一匹白马。这匹属于马，马属于动物，动物属于物。从白马到物的过程就是普遍化。但我们说某物是对象时，对象就不是事物领域，而是摆脱了具体内容，变成了形式化的领域。普遍化潜含着等级化，形式化则将一切拉平，例如一头猪和一个人在数量（形式）上没有区别。参见海德格尔的《宗教生活现象学》（商务印书馆，2018）。
[2] 可参见海德格尔《的宗教生活现象学》（商务印书馆，2018）。

分别。在日常世界中，我们与他人之间不仅有关联，而且会引起我们的注意。这种关联关系又可以分为两种，一是平等关系，如朋友关系、同学关系，二是不平等关系。不平等关系又可以分为三类。一类建立在暴力之上的政治权力关系，军队、警察是其标志。二是建立在资源之上的权力关系，如企业主与雇员之间的关系。企业主给雇员薪酬，雇员则给企业主劳动。三是建立在说服、说教之上的权力，如宗教权力[1]。在这三类不平等关系中都会出现权力与权利的问题。

与无物世界和日常世界不同，理念世界是我们无法单独生存的世界。虽然胡塞尔认为，我们可以直观到理念（本质），但理念实际上是与无物世界、日常世界活生生地混在一起的。因此，我们如果想用理念构建世界，就必须将理念从无物世界和日常世界中剥离出来。对自然世界而言，将理念与自然世界进行剥离，不会产生什么问题。事实上，正是这种剥离让我们发现了自然界的本质和规律，使我们能对事物进行确定性的认知，从而给人类带来了巨大的利益。但是，一旦将这种方法泛化，用于社会制度的设计，将社会理念与社会进行剥离，就会产生极权主义。上文说过，理念化分为普遍化和形式化。以普遍化思维进行剥离，就会将人与人之间的关系完全等级化和政治权力化；以形式化思维进行剥离，则会用强力将社会中的人作为材料铸造成某种东西。因此，完全用理念设计社会制度就会产生极端的政治权力，使人与人之间只剩下政治权力关系，一端是为实现某种理念目标的操作工，另一端则是有待加工为标准件的材料。这就是所谓的极权主义[2]。在这种社会中，没有任何自由平等的关系，个人不是被人控制，就是控制他人。吊诡的是，如果整个社会都接受以理念建构社会的思想，不只是作为权力主体的个人会钟情于这种政治体系，作为权力客体的个人也视这种政治体系为当然，即使深受其害也会自觉不自觉地为这种政治系统辩护。

当然，这不是说，任何社会都不能存在这种建立在理念之上的政治权力，

---

[1] 这种权力划分方式来自罗伯特·达尔的《现代政治分析》（上海译文出版社，1987）。
[2] 极权主义与传统的专制政体不同。传统民主政体、贵族政体和专制政体的划分是从掌握政治权力人数出发的，极权主义则是从政治与社会的关系而言的。可参见阿伦特的《极权主义的起源》（三联书店出版，2008）。

而是说在一个正常的社会中，三个世界不应该被扭曲，人际关系保持相对均衡。绝大多数人的生活圈子都很小，与圈子外的人基本没什么关联。即使与他人发生了关联，也不会有什么交往，只生活在日常的平等交往关系中，如朋友圈、同学圈、老乡圈、兴趣圈。当然，其中有些并不完全是平等关系，可能混杂着权力关系，如中国的亲属关系中就包含着长辈对晚辈的某种权力。在市场经济不发达的社会中，不平等关系主要是政治权力的关系。一般情况下，这种政治权力并不任意干预个人，很多人一辈子可能都不会与官府打交道。但这种政治权力不稳定，有时也会任意干预个人。在市场经济发达的社会，大多数人要与建立在资源之上的权力打交道。不过，与政治权力相比，这种权力是有限制的（如不能限制人身自由）、非垄断性的（个人可以自由选择），权力主体与客体之间是自愿交易的。因此，在正常的社会中，一个人既享有没感觉到自由的真正自由，也享有感知到的权利自由，同时受到权力的某种限制，有时甚至是任意性的限制。

一旦因为某种原因，一个国家的人都接受理念思想，并将其用于构建政治体系，整个社会生态就会发生根本性的变化。政治权力不仅会将建立在资源交换之上的权力和建立在说服、说教之上的非政治权力变成政治权力关系，而且会将非权力的平等关系政治权力化，甚至连没有任何关联的关系也纳入政治权力体系，如让没有任何关系的张三、李四变成政治意义上的敌人或同盟。

自然，让一个国家的人都接受理念思想不是一件容易的事，因为人总是生存在无物世界和日常的生活世界之中。但如果在急剧变迁的社会中，文化习俗遭到破坏，大量的人就变成了原子式的个体。此时善于借助现代科技手段进行宣传、组织的领袖就会利用诱惑和恐惧驱动人们进入极权主义政治体系之中，慢慢地让个人像可替代物一样彻底失去意志性自由和尊严，使国家和社会沦为按照理念对人进行加工的超级机械。以纳粹为代表的极权主义就是实例。

对此，现代民主的基础理论——社会契约理论——无法解决这个问题，甚至会成为这种极权主义的帮凶。契约理论的功能之一是汇聚契约者的意愿。按照霍布斯、卢梭的理论，个人要将自然权利全部让渡给国家。因此，如果参与契约者的头脑中只有理念思想，那么契约机制就成了建构极权主义政治体系的工具。即使按照洛克的契约理论，个人在参与社会契约时保留基本的自然权利，但在一个接受了以理念思想进行契约的社会里，保留基本自然权利的思想不堪一击。

为了防止这种畸形的极权主义，我们首先要以事实限制理念思想在社会领域的无限制扩张。这当然不是说让人不接受理念思想。相反，我们不仅要接受理念思想，而且要知道理念的来源。这样才能明白有物世界源于无物世界，理念世界源于有物世界，才不会幻想以理念世界取代其源头的日常世界和无物世界。其次，尊重社会习俗，特别是民族思想。在任何一个社会中，真正理解无物思想并用以处理日常问题的人少之又少，大部分人只能接受日常世界的思想。因此，如果没有日常的常识及思想，人们就会不自觉地采用自己所理解的理念方法处理问题，进而慢慢形成极权主义思维。因此，只有尊重一个社会的习俗，特别是民族思想，才能抵抗极权主义思潮的泛化。中国传统思想主要包括儒家、道家、佛教。道家、佛教主要针对的是无物世界，真正针对日常世界的是儒家思想。自宋明以来，儒家思想的形态则主要表现为以朱熹为集大成者的程朱理学和以王阳明为代表的陆王心学。

世界包括无物世界、有物世界和理念世界。理念世界产生于有物世界，有物世界又产生于无物世界。这些既是事实，又是理论，因而是天理。有关日常世界习俗的儒家理论，涉及的则是人情。有了天理、人情，一个国家的制度才可能是规范人的制度，而不是将人当作加工材料的极权主义制度。朱熹和王阳明的理论既涉及天理，又是关于人情的理论，是指导我们设计政治制度、制定法律体系的自然法。因此，为了防止独裁专制，需要接受社会契约理论；为了防止极权主义，需要将朱熹和王阳明的思想与与契约理论结合起来。

前文说过，朱熹的理不是柏拉图的理念。柏拉图的理念是指事物中不变的本质，朱熹的理是指仁、义、礼、智等伦理之理。二者显然是不同的。当然，朱熹的理和柏拉图的理表面看确实相近。我们如果将朱熹的理理解为柏拉图的理，就非常容易接受极权主义。而王阳明的思想则不容易产生这个问题。因此，从这个角度而言，王阳明的理论对极权主义更具备抵抗力。

以上这些分析只是理论性的。在现实中，不是人人都愿意接受天理，遵守习俗。政治家更愿意使用暴力或阴谋将一个国家变成极权主义国家，以便从中获取利益和权力。这就不是理论所能解决的。

5. 自天子以至于庶人[1]，壹是[2]皆以修身为本[3]。其本乱而末治者，否[4]矣，其所厚者[5]薄，而其所薄者[6]厚，未之有也！

（1）庶人：普通百姓。
（2）壹是：一切也（朱熹《大学章句集注》），都是。
（3）本，谓身也（朱熹《大学章句集注》），根本。
（4）否：不可能。
（5）所厚者：指格物、致知、诚意、正心等修身功夫."厚"，重视。
（6）所薄者：指修身之外的家、国、天下，与己身关系稍远，所以称所薄者。"薄"，轻视。

译文：

从天子到普通百姓，都是以修身作为根本。根本乱了而能处理好末节是不可能的。所重视的为末节，所忽视的是根本，（能处理好）是从来没有的事。

解说：

这一段强调修身是三纲、八目的根本。

《大学》的目的是为了实现三纲，实现三纲则要通过八目。朱熹认为，格物、致知、诚意、正心都是为了修身，齐家、治国、平天下是修身的延伸，因而修身是本，齐家、治国、平天下是末[1]。

王阳明认为，三纲和八目是同一事情的不同环节，可以称之为致良知，可

---

[1] 正心以上，皆所以修身也。齐家以下，则举此而措之耳。（朱熹《大学章句集注》）李从之问："'壹是皆以修身为本'，何故只言修身？"曰："修身是对天下国家说。修身是本，天下国家是末。凡前面许多事，便是理会修身。'其所厚者薄，所薄者厚'，又是以家对国说。"（朱熹《朱子语类》卷十五）

以称之为明明德[1]，也可以称之为修身。因此，所谓的本就是三纲八目，所谓的末就是如何实现三纲八目。知道了根本，末节问题就迎刃而解。三纲八目就相当于学习如何使用圆规、直尺，而如何实现三纲八目的细节就相当于对具体的方、圆进行测量。只要学会使用圆规、直尺，那么测量具体的方、圆就不在话下。

以上部分是《大学》的第一部大部分，阐述三纲、八目以及二者之间的关系。朱熹称之为经。

---

[1] 自"格物致知"至"平天下"，只是一个"明明德"。虽亲民，亦明德事也。明德是此心之德，即是仁。仁者以天地万物为一体。使有一物失所，便是吾仁有未尽处。（王阳明《传习录》卷八九）

第三章 《康诰》曰克明德

6.《康诰》⁽¹⁾曰："克⁽²⁾明德。"《大（tài）甲》⁽³⁾曰："顾⁽⁴⁾諟（shì）⁽⁵⁾天之明命⁽⁶⁾。"《帝典》⁽⁷⁾曰："克明峻⁽⁸⁾德。"皆自明也。

（1）《康诰》：《尚书·周书》中的一篇。《尚书》是历史文献和追述古代事迹的文章汇编，属于"五经"之一，称为《书经》。全书分为《虞书》、《夏书》《商书》《周书》等四部分。

（2）克：能也（朱熹《大学章句集注》），只是真个会明其明德（朱熹《朱子语类》卷十六）。

（3）《大甲》：即《太甲》，《尚书·商书》中的一篇。太甲是商汤的孙子。

（4）顾：谓常目在之也（朱熹《大学章句集注》），看顾。

（5）諟：古是字，犹此也，或曰审也（朱熹《大学章句集注》）。通"是"，此，这。

（6）天之明命：即天之所以与我，而我之所以为德者也。常目在之，则无时不明矣（朱熹《大学章句集注》）。自人受之，唤做明德；自天言之，唤做明命。（朱熹《朱子语类》卷十六）

（7）《帝典》：即《尧典》，《尚书·虞书》中的一篇。

（8）峻：《尧典》原句为"克明俊德"。"峻"，通"俊"，大。

译文：

《尚书·康诰》说："要能明了自己灵明的德性。"《尚书·太甲》说："不可忘这上天赋予的灵明德性"。《尚书·尧典》说："能够弘扬自己广大的德性"。这些都是说自己要明了自己灵明的德性。

解说：

从这一段至末尾是《大学》的第二大部分，一一解说三纲、八目的具体含义。朱熹称之为传。

这一部分引用《尚书》中的《康诰》《太甲》和《尧典》等三篇文章中的句子阐述我们应做到三纲中的明明德。

前文在讲三纲时已经说过，朱熹认为，人人都生而具有灵明的德性，只是由于自身气质禀赋的禁锢而变得昏暗了。明明德就是去除禁锢以恢复自身灵明的德性。从个人角度而言是明德，从天赋予人的角度而言则是明命[1]。

"克明德"出自《尚书·周书·康诰》。原文为"惟乃丕显考文王，克明德慎罚"。意为：你伟大的父亲文王，能够崇尚德行，慎用刑罚。这是周公以文王劝勉康叔之语。"康"，指康叔，周公旦的弟弟，文王之子。"诰"为告诫、勉励的意思。

"顾諟天之明命"出自《尚书·商书·太甲》。原文为"先王顾諟天之明命，以承上下神祇"。意为：先王不忘天命，以承顺天地神祇。"顾"是看顾的意思。"諟"意为此、这。太甲是商朝开国国君商汤的孙子，即位后由伊尹辅政，因不听伊尹的教导，居丧不守丧礼，被伊尹放逐到桐（商汤的葬地）三年。三年后回到亳都，伊尹作《太甲》加以训勉。

---

[1] 先生问："'顾諟天之明命'，如何看"答云："天之明命，是天之所以命我，而我之所以为德者也。然天之所以与我者，虽曰至善，苟不能常提撕省察，使大用全体昭晰无遗，则人欲益滋，天理益昏，而无以有诸己矣。"曰："此便是至善。但今人无事时，又却悠昏昏地；至有事时，则又随事逐物而去，都无一个主宰。这须是常加省察，真如见一个物事在里，不要昏浊了他，则无事时自然凝定，有事时随理而处，无有不当。"（朱熹《朱子语类》卷十六）人之始生，得於天也；既生此人，则天又在人矣。凡语言动作视听，皆天也。只今说话，天便在这里。顾諟，是常要看教光明灿烂，照在目前。（朱熹《朱子语类》卷十七）

"克明峻德"出自《尚书·尧典》。原文为"克明峻德,以亲九族。"意为:能够弘扬自己广大的德性,使家族亲密和睦。尧在逊位与舜之前,作《尧典》一文对舜加以训勉。

在古本《大学》中,这一段至下文"与国人交止于信"在"没世不忘"之下。古本《大学》是为了强调"诚意"的重要性,二程、朱熹将古本《大学》改变为现在的结构是为了强调格物、致知的重要性,同时也为了使第二大部分的解说顺序与第一大部分所提出的三纲、八目的顺序相同。经过这样的结构调整后,与王阳明解读《大学》所强调的重点不同,因而王阳明反对二程的改动。

第四章　汤之《盘铭》曰苟日新

7.汤⁽¹⁾之《盘铭》⁽²⁾曰："苟⁽³⁾日新⁽⁴⁾，日日新，又日新。"《康诰》曰："作新民⁽⁵⁾。"《诗》⁽⁶⁾曰："周虽旧邦，其命惟新⁽⁷⁾。"是故君子无所不用其极⁽⁸⁾。

（1）汤：即成汤，商朝的开国君主。

（2）《盘铭》：汤以人之洗濯其心以去恶，如沐浴其身以去垢。故铭其盘，言诚能一日有以涤其旧染之污而自新，则当因其已新者，而日日新之，又日新之，不可略有间断也（朱熹《大学章句集注》）。"盘"，沐浴之盘也（朱熹《大学章句集注》）。"铭"，名其器以自警之辞也（朱熹《大学章句集注》）。刻在盥洗盘上的话。

（3）苟：诚也（朱熹《大学章句集注》）。

（4）新：指洗澡除去身体上的污垢，使身体干净，这里指精神上的彻底更新。

（5）作新民：鼓之舞之之谓作，言振起其自新之民也（朱熹《大学章句集注》）。"作新民"之"新"，是自新之民，与"在新民"之"新"不同……"作"字却与"亲"字相对。然非"亲"字义……说新民便觉偏了"（王阳明《传习录》一）。做自新之民。

（6）《诗》：《诗·大雅·文王》篇。

（7）周虽旧邦，其命惟新：言周国虽旧，至于文王，能新其德以及民，而始受天命也（朱熹《大学章句集注》）。"周"，周朝。"邦"，国。"其命"，指周朝所受的天命。"维"，语助词。

（8）是故君子无所不用其极：自新新民，皆欲止于至善也（朱熹《大学章句集注》）。"是故"，所以。"君子"，有时候指贵族，有时指品德高尚的人。

译文：

商汤王的《盘铭》上写着："如果能做到每天自新，就会天天自新，不断地自新。"《尚书·康诰》说："要作自新之民"。《诗·大雅·文王》说："周朝虽然还是旧的邦国，但被赋予了新的天命。"

解说：

这一部分引用《盘铭》《康诰》和《诗经》中的三句话阐述三纲中新民的重要性。

"苟日新，日日新，又日新"这句话既可以理解为阐述自新的重要性，也可以理解为阐述我们应该如何做到自新。每天都自新，就能做到日日自新，从而做到不断地自新[1]。

"作新民"这句话出自《康诰》。原文为"亦惟助王宅天命，作新民"。意为：你应当帮助国王，按照天命来改造革新殷民。《大学》的"作新民"有两种理解方式，一是自新（亲民），二是新民。王阳明认为"作新民"是自新（亲民）的意思。理由有二：一是从"作新民"字面上看，应为自新的意思。二是后文在阐发"治国平天下"时，阐述的都是"亲"而不是"新"[2]。朱熹认为"作

---

[1] "苟日新"，新是对旧染之汙而言。"日日新，又日新"，只是要常常如此，无间断也。新与旧，非是去外面讨来。昨日之旧，乃是今日之新。（朱熹《朱子语类》卷十六）
[2] "作新民"之"新"是自新之民，与"在新民"之"新"不同……"作"字却与"亲"字相对，然非"亲"字义。下面"治国平天下"处，皆于"新"'字无发明，如云"君子贤其贤而亲其亲，小人乐其乐而利其利，如保赤子；民之所好好之，民之所恶恶之，此之谓民之父母"之类，皆是"亲"字意。"亲民"犹孟子"亲亲仁民"之谓，亲之即仁之也……说"亲民"便是兼教养意，说"新民"便觉偏了。（王阳明《传习录》一）

新民"是新民的意思[1]。从字面上，朱熹和王阳明的解释都说得通。但从后文看，王阳明的理解更为合理。古文《大学》的原文也为"亲民"。

"周虽旧邦，其命惟新"出自《诗·大雅·文王》。原诗开头四句为"文王在上，于昭于天。周虽旧邦，其命维新"。意为：周文王禀受天命，昭示天下。周虽然是旧的邦国，但被赋予了新的天命。朱熹认为，这句话在这里的意思是彻底自新而后新民，旧的邦国会被赋予新的天命[2]。按照王阳明的解读则是：因为周朝的君主自新而后亲民，所以旧的邦国焕然一新。

"君子无所不用其极"，指"新民"达到极点。朱熹认为，明明德、新民都达到极点，才能达到"止于至善"，因而这里的"极"指明明德、新民达到至极[3]。"极"在王阳明那里就是指亲民之至。明明德则体现在亲民的过程中。

---

[1] "程子曰：'亲，当作新。'……新者，革其旧之谓也，言既自明其明德，又当推以及人，使之亦有以去其旧染之污也。"（朱熹《大学章句集注》）
[2] "其命维新"，是新民之极，和天命也新。（朱熹《朱子语类》卷十六）
[3] "周虽旧邦，其命维新。"自新新民，而至於天命之改易，可谓极矣。必如是而后为"止於至善"也。"（朱熹《朱子语类》卷十六）

第五章 《诗》云邦畿千里

8.《诗》⁽¹⁾云:"邦畿(ji)⁽²⁾千里,惟民所止⁽³⁾。"《诗》⁽⁴⁾云:"缗(mian)蛮⁽⁵⁾黄鸟,止⁽⁶⁾于丘隅⁽⁷⁾。"子曰:"於(wū)止⁽⁸⁾,知其所止,可以人而不如鸟乎!"《诗》⁽⁹⁾云:"穆穆⁽¹⁰⁾文王,於(wū)⁽¹¹⁾缉⁽¹²⁾熙⁽¹³⁾敬止⁽¹⁴⁾!"为人君,止于仁;为人臣,止于敬;为人子,止于孝;为人父,止于慈;与国人交,止于信。

(1)《诗》:《诗·商颂·玄鸟》篇。

(2)邦畿:都城以及周围的地区。"畿",国都四周的广大地区。

(3)止:居也,言物各有所当止之处也(朱熹《大学章句集注》)。居住。

(4)《诗》:《诗·小雅·绵蛮》篇。

(5)缗蛮:鸟声;"缗",《诗》作"绵"(朱熹《大学章句集注》)。

(6)止:栖息。

(7)丘隅:山丘的角落。"丘",小土山。"隅",角落。

(8)於止:感叹语。"於",叹词。"止",语助词。

(9)《诗》:《诗经·大雅·文王》篇。

(10)穆穆:庄重恭敬的样子。

(11)於:叹美辞(朱熹《大学章句集注》)。

(12)缉:继续也(朱熹《大学章句集注》)。

(13) 熙：光明也（朱熹《大学章句集注》）。

(14) 敬止：言其无不敬而安所止也（朱熹《大学章句集注》）。

译文：

《诗·商颂·玄鸟》说："都城及周围千里，是百姓居住之地。"《诗经·小雅·绵蛮》说："婉转而叫的黄鸟，栖息在丘陵的角落。"孔子说："哎！知道处在所处之地，难道人反而不如鸟吗？"《诗经·大雅·文王》说："文王的风度庄重而恭敬，光明正大又谨慎。"做国君的，要做到仁爱；做臣子的，要做到恭敬；做子女的，要做到孝顺；做父亲的，要做到慈爱；与他人交往，要做到守信。

解说：

从第八至第十部分阐述三纲中止于至善的内涵。

我们将阐发止于至善部分的结构列表如下[1]。

止	《诗》云："邦畿千里，惟民所止。"《诗》云："缗蛮黄鸟，止于丘隅。"子曰："于止，知其所止，可以人而不如鸟乎！"《诗》云："穆穆文王，于缉熙敬止！"为人君，止于仁；为人臣，止于敬；为人子，止于孝；为人父，止于慈；与国人交，止于信。
至善	《诗》云："瞻彼淇澳，菉竹猗猗。有斐君子，如切如磋，如琢如磨。瑟兮僴兮，赫兮喧兮。有斐君子，终不可諠兮！"如切如磋者，道学也；如琢如磨者，自修也；瑟兮僴兮者，恂栗也；赫兮喧兮者，威仪也；有斐君子，终不可諠兮者，道盛德至善，民之不能忘也。
咏叹	《诗》云："于戏！前王不忘。"君子贤其贤而亲其亲，小人乐其乐而利其利，此以没世不忘也。

这一部分用类比的方式阐述"止要至善"之"止"。

"邦畿千里，维民所止"这句诗出自《诗·商颂·玄鸟》篇。这两句诗的

---

[1] 或问"至善"章。曰："此章前三节是说止字，中一节说至善，后面'烈文'一节，又是咏叹此至善之意。（朱熹《朱子语类》卷十六）

第五章 《诗》云邦畿千里

原文是"龙旂十乘,大糦是承。邦畿千里,维民所止,肇域彼四海"。意为:龙旗大车十乘,贡献载满的粮食。国土疆域千里,百姓平安居处,开拓疆域达到四海。这两句诗用在这里,意为都城及周围千里,是百姓愿意居住之地——普通百姓都知道哪里是合适的居住之所。

"缗蛮黄鸟,止于丘隅"出自《诗·小雅·绵蛮》篇,意为:小鸟都知道栖息在丘陵的角落。因此,孔子才说:"可以人而不如鸟乎!"

连鸟都知道好的栖息之处,普通百姓当然也知道好的居住之所。由此类推,人生来就知道止于何处。文王就是榜样,"穆穆文王,於缉熙敬止。"意为:文王的风度庄重而恭敬,光明正大又谨慎。这正是至善者的表现。

至善是总称,不同的角色会有不同的表现形式,"为人君,止于仁;为人臣,止于敬;为人子,止于孝;为人父,止于慈;与国人交,止于信。"人处在不同的角色中,行为恰到好处,就达到了"上于至善"。否则,过或不及,就会产生恶[1]。按照朱熹的解读,这五个方面只是举例,止于至善应当是事事都应达到至善[2]。

9.《诗》(1)云:"瞻彼淇(qí)(2)澳(yù)(3),菉(lù)竹猗(ē)猗(4)。有斐(5)君子,如切如磋(6),如琢如磨(7)。瑟(8)兮僩(xiàn)(9)兮,赫兮喧(xuān)兮(10)。有斐君子,终不可諠(xuān)(11)兮!"如切如磋者,道(12)学也;如琢如磨者,自修也;瑟兮僩兮者,恂栗(13)也;赫兮喧兮者,威(14)仪也;有斐君子,终不可諠兮者,道盛德至善,民之不能忘也。

(1)《诗》:《诗·卫风·淇澳》篇。
(2)淇:淇水,在今河南省北部。
(3)澳:水边弯弯曲曲的地方。

---

[1] 如君止於仁,若依违牵制,懦而无断,便是过,便不是仁。臣能陈善闭邪,便是敬;若有所畏惧,而不敢正君之失,便是过,便不是敬。(朱熹《朱子语类》卷十六)

[2] 须是就君仁臣敬、子孝父慈与国人信上推究精微,各有不尽之理。此章虽人伦大目,亦只举得三件。必须就此上推广所以事上当如何,所以待下又如何。尊卑大小之间,处之各要如此。(朱熹《朱子语类》卷十六)

（4）菉竹猗猗：绿竹葱郁美丽。"菉"，《诗经》为"绿"。"猗猗"，美盛貌（朱熹《大学章句集注》）。美而高大的样子。

（5）斐：文貌（朱熹《大学章句集注》）。文雅的样子。

（6）如切如磋：切以刀锯，琢以椎凿，皆裁物使成形质也。治骨角者，既切而复磋之（朱熹《大学章句集注》）。"切"、"磋"，都是加工骨角的工序。

（7）如琢如磨：磋以鑢钖，磨以沙石，皆治物使其滑泽也。治玉石者，既琢而复磨之（朱熹《大学章句集注》）。"琢"、"磨"，都是加工玉石的工序。

（8）瑟：严密之貌（朱熹《大学章句集注》），矜庄貌（朱熹《朱子语类》卷十六）。庄严的样子。

（9）僩：武毅之貌（朱熹《大学章句集注》）。威武的样子。

（10）赫兮喧兮：显耀有威仪的样子。"赫"：显赫。"喧"，《诗经》为"咺"，有威仪的样子。

（11）諠：忘也（朱熹《大学章句集注》），《诗经》为"谖"。

（12）道：言也（朱熹《大学章句集注》）。

（13）恂栗：战惧也（朱熹《大学章句集注》），严毅貌（朱熹《朱子语类》卷十六）。

（14）威，可畏也（朱熹《大学章句集注》）。

译文：

《诗·卫风·淇澳》说："远望那淇水弯曲处，绿竹郁郁葱葱。有位文雅的君子，好像牛骨象牙经过了切磋，好像美玉宝石经过了琢磨。庄严呀，威武呀。这位文雅的君子，真让人终身难忘啊！"好像牛骨象牙经过了切磋是指他做学问的态度，好像美玉宝石经过了琢磨是指他自我修德的精神。庄严、威武，是指他做事谨慎小心。显赫、威仪是指他外表让人敬畏。让人终身难忘是指他道德达到至善，百姓不能忘怀。

解说：

这一段引用《诗经》类比阐述"止于至善"之至善。

这几句诗出自《诗·卫风·淇澳》篇的第一段。诗中描写的实际上是一位君子的外貌，但《大学》将其延伸为为学、修道的提高过程。我们按照《大学》的解读进行翻译和解读。文中的"如切如磋"本来是骨器从粗加工到精加工的程序，"如琢如磨"本来是玉石从粗加工到精加工的程序，这里是比喻淇水旁边那位止于至善的君子不断为学、修道的过程。"瑟兮僩兮"描述君子外在的庄严、威武。"终不可諠兮者"是反复咏叹君子内在的道德境地[1]。只有做到内外兼备，才算至善。如果只有内在欠缺外在或只有外在欠缺内在，那就都没有达到至善[2]。朱熹认为，因为达到至善，所以至今"民之不能忘也"，而不是一时不能忘。

10.《诗》⁽¹⁾云："于（wū）戏（hū）！前王不忘⁽²⁾。"君子⁽³⁾贤其贤而亲其亲，小人⁽⁴⁾乐其乐而利其利，此以没（mò）世不忘也⁽⁵⁾。

（1）《诗》：《诗·周颂·烈文》篇

（2）于戏！前王不忘："于戏"，叹辞（朱熹《大学章句集注》）。"前王"，谓文、武也（朱熹《大学章句集注》）。"前王"，周文王、周武王。

（3）君子：谓其后贤后王（朱熹《大学章句集注》）。周文王、周武王之后的君王、君子。

（4）小人：谓后民也（朱熹《大学章句集注》）。周文王、周武王之后的百姓。

（5）没世不忘也：终身不能忘记。"没世"，死。

---

[1] 紧要只是"如切如磋，如琢如磨"。如切，可谓善矣，又须当磋之，方是至善；如琢，可谓善矣，又须当磨之，方是至善。一章主意，只是说所以"止於至善"工夫，为下"不可諠兮"之语拖带说。到"道盛德至善，民不能忘"，又因此语一向引去。大概是反覆嗟咏，其味深长。他经引《诗,或未甚切，只大学引得极细密。（朱熹《朱子语类》卷十六）

[2] "民之不能忘也，只是一时不忘，亦不是至善。又曰：''瑟兮僩兮，赫兮喧兮'者，有所主於中，而不能发於外，亦不是至善；务饰於外，而无主於中，亦不是至善。"（朱熹《朱子语类》卷十六）"大率切而不磋，亦未到至善处；琢而不磨，亦未到至善处。'瑟兮僩兮'，则诚敬存於中矣。未至於'赫兮喧兮'，威仪辉光着见於外，亦未为至善。此四句是此段紧切处，专是说至善。盖不如此，则虽善矣，未得为至善也。"（朱熹《朱子语类》卷十六）

译文：

《诗·周颂·烈文》上说："哎呀，前代的君王真是令人难忘。"君子尊重贤人，亲近亲族，普通人乐其所乐利其所利，所以，虽然前代君王已经去世，但人们还是念念不忘。

解说：

引用《诗经》咏叹止于至善之人。

"于戏！前王不忘"是《诗·周颂·烈文》的最后一句，意为即使至善的先王已经远去，但无论是君子还是普通人都不会忘记他。君子不忘记前王是因为前王是贤者、是亲者，普通人不忘记前王是因为前王带来的好处和利益[1]。所以说，"君子贤其贤而亲其亲，小人乐其乐而利其利，此以没世不忘也。"

朱熹说，从自引《淇澳》诗以下到这一部分，古本《大学》误放在"诚意"章下。

---

[1] 问"前王不忘"云云。曰："前王远矣，盛德至善，后人不能忘之。'君子贤其贤'，如尧舜文武之德，后世尊仰之，岂非贤其所贤乎！'亲其亲'，如周后稷之德，子孙宗之，以为先祖先父之所自出，岂非亲其所亲乎！"（朱熹《朱子语类》卷十六）

第六章　子曰听讼吾犹人

11.子曰:"听讼⁽¹⁾,吾犹人⁽²⁾也,必也使无讼乎!"无情者不得尽其辞⁽³⁾。大畏民志⁽⁴⁾,此谓知本。此谓知本⁽⁵⁾,此谓知之至也⁽⁶⁾。

(1)听讼:听理诉讼,审案。

(2)犹人:不异于人也(朱熹《大学章句集注》)。与别人一样。

(3)无情者不得尽其辞:言圣人能使无实之人不敢尽其虚诞之辞(朱熹《大学章句集注》),不诚实的人不敢胡说。"情",实也(朱熹《大学章句集注》),实情。

(4)民志:民之心志(朱熹《大学章句集注》)。

(5)此谓知本:程子曰,"衍文也"(朱熹《大学章句集注》)。

(6)此谓知之至也:这就是所谓的知至。朱熹认为,"此句之上别有阙文,此特其结语耳"(朱熹《大学章句集注》)。

译文:

孔子说:"审理案件,我与别人一样,但不同的是我要做到没有诉讼。"使不诚实的人不敢胡说八道,百姓彻底畏服。这就叫知道根本。这就叫知道根本,这就是知至的含义。

解说：

这一段解说物格而知至的含义。

在阐释这一段之前，先介绍朱熹对它的解读。朱熹认为，这一段阐释的是"物有本末"之"本末"的含义[1]，阐述格物、致知的含义部分则缺失了，"上传之四章。释本末。此章旧本误在'止于信'下。""上传之五章，盖释格物、致知之义，而今亡矣。此章旧本通下章，误在经文之下。"（朱熹《大学章句集注》）于是，朱熹按照自己所理解的致知格物含义补上了阐发格物、致知的部分："所谓致知在格物者，言欲致吾之知，在即物而穷其理也。盖人心之灵莫不有知，而天下之物莫不有理，惟于理有未穷，故其知有不尽也。是以大学始教，必使学者即凡天下之物，莫不因其已知之理而益穷之，以求至乎其极。至于用力之久，而一旦豁然贯通焉，则众物之表里精粗无不到，而吾心之全体大用无不明矣。此谓物格，此谓知之至也。"（朱熹《大学章句集注》）

在作者看来，"听讼，吾犹人也，必也使无讼乎"这句话阐述的正是格物、致知的含义，接下来的几句不过是这句话的延伸。理由有三。一、按照古文《大学》的顺序，这一段在阐发明明德、亲民、止于至善之后，接下来应该阐发八目。八目的第一目就是格物、致知。因此，将这一段看作是对格物、致知含义的阐发符合《大学》的结构。二、按照朱熹对格物、致知的解读，格物就是接触具体事物，致知就是用自己的知识处理事物以获得更多的知识（理）。通过这种"今日格一件，明日又格一件"的方法，一旦我们达到脱然贯通的境地，就能格尽天下之物、穷尽天下，达到物格、知至。此外，将一事一物之理领会透彻了，

---

[1] 问"听讼吾犹人也，必也使无讼乎！"曰："固是以修身为本，只是公别底言语多走作。如云：'凡人听讼，以曲为直，以直为曲，所以人得以尽其无实之辞。圣人理无不明，明无不烛，所以人不敢。'如此，却是圣人善听讼，所以人不敢尽其无实之辞，正与经意相反。圣人正是说听讼我也无异於人，当使其无讼之可听，方得。若如公言，则当云'听讼吾过人远矣，故无情者不敢尽其辞'，始得。圣人固不会错断了事。只是它所以无讼者，却不在於善听讼，在於意诚、心正，自然有以薰炙渐染，大服民志，故自无讼之可听耳。如成人有其兄死而不为衰者，闻子皋将至，遂为衰。子皋何尝听讼，自有以感动人处耳。"（朱熹《朱子语类》卷十六）

也叫知至[1]。虽然这两个知至的含义不完全相同，后一个知至有可能只是达到前一个知至的一步，但我们还是可以合理推论，像孔子那样的人通过审理案件可以领悟天下之理，达到物格、知至的境地。三、如果用王阳明的理论解读，这一段话的含义就是，"听讼"我与他人没有不同，但我能在"听讼"的过程中去掉一切私心，以良知来断案。这就做到了物格、知至[2]。四、"此谓知之至也"这句话说明这一段是阐发格物、致知的。物格、知至是八目的根本，因而也是实现三纲的根本，所以说，"此谓知本"。

基于以上分析，作者认为，这段文字就是阐发"物格而后知至"的。当然，朱熹可以说，《大学》对格物、致知的阐发过于简略，可能有文字脱落。

"听讼，吾犹人也，必也使无讼乎"出自《论语·颜渊》，意为"听讼"我与他人没有区别，但不同的是我要做到没有诉讼。做到没有诉讼的方法有二：一、朱熹的方法。通过格、物致以穷理，从而使自己达到诚意、正心，即通过"事理通达，而心气和平"。进而感化百姓。百姓诚意、正心了，自然就没有诉讼之事[3]。二、王阳明的方法，即在"听松"的过程中去掉一切私心——格物，以良知来断案——致知。

"无情者不得尽其辞。大畏民志"这句话，参照朱熹对"听讼，吾犹人也，必也使无讼乎"的解读，意为不诚实的人不敢胡说八道，普通百姓彻底畏服[4]。如果将"听讼，吾犹人也，必也使无讼乎"这句话看作是对格物、致知的阐发，那么"无情者不得尽其辞。大畏民志"这句话就可以理解为自己成了"听讼"的高手后，不诚实的人不敢胡说八道，百姓彻底畏服，也可以理解为通过自己的"听讼"，使社会风气大为改变，使得不诚实的人不敢胡说八道，百姓彻底

---

[1] 守约问："物格、知至，到曾子悟忠恕于一唯处，方是知得至否？"曰："亦是如此。只是就小处一事一物上理会得到，亦是知至"。（朱熹《朱子语类》卷十五）
[2] 可参见前文引用的王阳明《传习录》二一八公案中王阳明与下属关于致良知与断案关系的对话。
[3] 圣人固不会错断了事。只是它所以无讼者，却不在於善听讼，在於意诚、心正，自然有以薰炙渐染，大服民志，故自无讼之可听耳。（朱熹《朱子语类》卷十六）
[4] 然惟先有以服其心志，所以能使之不得尽其虚诞之辞。（朱熹《朱子语类》卷十六）"大畏民志者"，大有以畏服斯民自欺之志。（朱熹《朱子语类》卷十六）

畏服[1]。朱熹反对前一种解读方式[2]。

---

[1] "引夫子之言,而言圣人能使无实之人不敢尽其虚诞之辞。盖我之明德既明,自然有以畏服民之心志,故讼不待听而自无也。"(朱熹《大学章句集注》)。
[2] 问"听讼吾犹人也,必也使无讼乎!曰:"固是以修身为本,只是公别底言语多走作。如云:'凡人听讼,以曲为直,以直为曲,所以人得以尽其无实之辞。圣人理无不明,明无不烛,所以人不敢。'如此,却是圣人善听讼,所以人不敢尽其无实之辞,正与经意相反。圣人正是说听讼我也无异於人,当使其无讼之可听,方得。若如公言,则当云'听讼吾过人远矣,故无情者不敢尽其辞',始得。"(朱熹《朱子语类》卷十六)

第七章　所谓诚其意

12.所谓诚其意⁽¹⁾者：毋⁽²⁾自欺也，如恶（wù）⁽³⁾恶（è）臭（xiù）⁽⁴⁾，如好（hào）好（hǎo）色⁽⁵⁾，此之谓自谦（qiè）⁽⁶⁾，故君子必慎其独⁽⁷⁾也！

（1）诚其意：只是实其意（朱熹《朱子语类》卷十六）。
（2）毋：不要。
（3）恶：讨厌。
（4）恶臭：难闻的气味。"臭"，气味。
（5）好色：美丽的色彩。
（6）慊：快也，足也。谦读为慊（朱熹《大学章句集注》），满意，满足。
（7）独：人所不知而己所独知之地也（朱熹《大学章句集注》）。别人不知道，只有自己知道。

译文：

所谓诚其意的意思是说，不要自我欺骗，就像厌恶难闻的气味，就像喜爱美丽的色彩，这可使人的内心惬意自足。因此，君子在独处时要特别谨慎。

解说：

从这一段至第十四段阐发诚意的含义。

我们将阐发"诚意"部分的结构列表如下[1]。

诚意的关键在于"慎其独"。	所谓诚其意者：毋自欺也，如恶恶臭，如好好色，此之谓自慊，故君子必慎其独也！
从反方面阐述要"慎其独"。	小人闲居为不善，无所不至，见君子而后厌然，掩其不善，而著其善。人之视己，如见其肺肝然，则何益矣。此谓诚于中，形于外，故君子必慎其独也。曾子曰："十目所视，十手所指，其严乎！"
诚意（"慎其独"）的效验。	富润屋，德润身，心广体胖，故君子必诚其意。

这一段提出诚意的关键在于"慎其独"。

对于"诚其意"，朱熹认为，为善之心是诚的，为恶之心则是虚的。有了虚，实就不实了[2]。王阳明认为，"诚其意"就是没有私意。有了私意，意就不诚了[3]。诚意是善，私意是恶。当然，王阳明的诚意无需格外物，也没有所谓的

---

[1] 看"诚意章有三节：两"必慎其独"，一"必诚其意"。"十目所视，十手所指"，言"小人閒居为不善"，其不善形於外者不可揜如此。"德润身，心广体胖"，言君子慎独之至，其善之形於外者证验如此。（朱熹《朱子语类》卷十六）
[2] 问："诚意是如何？"曰："心只是有一带路，更不著得两个物事。如今人要做好事，都自无力。其所以无力是如何？只为他有个为恶底意思在里面牵系。要去做好事底心是实，要做不好事底心是虚。被那虚底在里面夹杂，便将实底一齐打坏了。"（朱熹《朱子语类》卷十六）心之本体何尝不正。所以不得其正者，盖由邪恶之念勃勃而兴，有以动其心也。譬之水焉，本自莹净宁息，盖因波涛汹涌，水遂为其所激而动也。更是《大学》次序，诚意最要。学者苟于此一节分别得善恶、取舍、是非分明，则自此以后，凡有忿懥、好乐、亲爱、畏敬等类，皆是好事。《大学》之道，始不可胜用矣。（朱熹《朱子语类》卷十五）
[3] 曰："'如好好色，如恶恶臭'，安得非意？"曰："却是诚意。不是私意。诚意只是循天理。虽是循天理，亦着不得一分意，故有所忿懥好乐，则不得其正。"（王阳明《传习录》一〇一）

外物，而是直接去除心中之恶。去掉了恶，就是"不自欺"，就是"自慊"[1]。按照王阳明后期的思想，知和意本身是不存在善恶的，所以才能真正做到"恶恶臭"、"好好色"。

对于"毋自欺"、"自慊"，朱熹认为，自欺是由于没做到知至。知至才能意无不诚[2]。"毋自欺"就是要恶恶"如恶恶臭"，好善"如好好色"[3]。与自欺不同，自慊是快意的意思[4]。如果为善不滞留一点私意，只是快意地去做

---

[1] 盖鄙人之见，则谓意欲温凊、意欲奉养者，所谓意也，而未可谓之诚意。必实行其温凊奉养之意，务求自慊而无自欺，然后谓之诚意。（王阳明《传习录》一三八）爱因未会先生"知行合一"之训，与宗贤、惟贤往复辩论，未能决，以问于先生。先生曰："试举看。"爱曰："如今人尽有知得父当孝、兄当弟者，却不能孝、不能弟，便是知与行分明是两件。"先生曰："此已被私欲隔断，不是知行的本体了。未有知而不行者。知而不行，只是未知。圣贤教人知行，正是要复那本体，不是着你只恁的便罢。故《大学》指个真知行与人看，说'如好好色，如恶恶臭'。见好色属知，好好色属行。只见那好色时已自好了。不是见了后又立个心去好。闻恶臭属知，恶恶臭属行。只闻那恶臭时已自恶了。不是闻了后别立个心去恶。如鼻塞人，虽见恶臭在前，鼻中不曾闻得，便亦不甚恶，亦只是不曾知臭。就如称某人知孝，某人知弟，必是其人已曾行孝行弟，方可称他知孝知弟，不成只是晓得说些孝弟的话，便可称为知孝弟。又如知痛，必已自痛了方知痛；知寒，必已自寒了；知饥，必已自饥了。知行如何分得开？此便是知行的本体，不曾有私意隔断的。（王阳明《传习录》五）
[2] 器远问："物格、知至了，如何到诚意又说'毋自欺也'？毋者，禁止之辞？"曰："物既格，知既至，到这里方可著手下工夫。不是物格、知至了，下面许多一齐扫了。若如此，却不消说下面许多。看下面许多，节节有工夫。"（朱熹《朱子语类》卷十六）若知之已至，则意无不实。惟是知之有毫末未尽，必至於自欺。且如做一事当如此，决定只著如此做，而不可以如彼。若知之未至，则当做处便夹带这不当做底意在。当如此做，又被那要如彼底心牵惹，这便是不实，便都做不成。（朱熹《朱子语类》卷十六）人固有终身为善而自欺者。不特外面有，心中欲为善，而常有个不肯底意思，便是自欺也。须是要打叠得尽。盖意诚而后心可正，过得这一关后，方可进。（朱熹《朱子语类》卷十六）
[3] 朱熹对"自欺"的理解前后有些变化。前期朱熹认为"如恶恶臭如好好色"与"自慊"相连，后期认为"如恶恶臭如好好色"与"自欺"相连。"夜来说得也未尽。夜来归去又思，看来'如好好色，如恶恶臭'一段，便是连那'毋自欺'也说。言人之毋自欺时，便要'如好好色，如恶恶臭'样方得。若好善不'如好好色'，恶恶不'如恶恶臭'，此便是自欺。毋自欺者，谓如为善，若有些子不善而自欺时，便当斩根去之，真个是'如恶恶臭'，始得。如'小人閒居为不善'底一段，便是自欺底，只是反说。'閒居为不善'，便是恶恶不'如恶恶臭'；'见君子而后厌然，揜其不善而著其善'，便是好善不'如好好色'。若只如此看，此一篇文义都贴实平易，坦然无许多屈曲。某旧说忒说阔了、高了、深了。然又自有一样人如旧说者，欲节去之又可惜。但终非本文之意耳。"（朱熹《朱子语类》卷十六）
[4] 《孟子》"慊"训满足意多，《大学》训快意多。（朱熹《朱子语类》卷十六）

就是自慊[1]。朱熹用蒸饼来比喻二者的区别，"自欺"是不用白面做心，而用白面做皮；"自慊"则内外都用白面做成，内外无异[2]。如果按照朱熹的解读，从"子曰：'听讼，吾犹人也'"以下都是阐发诚意的，那么"无情者不得尽其辞"的"无情者"不只是不用白面做心，甚至连白面都不认识。

对于"故君子必慎其独也"这句话，按照朱熹前期的解读，他认为这句的"慎独"与"自欺"、"自慊"相比，是另一番工夫，与下面"小人闲居为不善"一段一样，讲的都是戒的工夫[3]。只有达到"知至"了，才会既"能慎独"，又"肯慎独"，才能真正做到意诚[4]。按照后期解读，这句与下面"小人闲居为不善"一段都是阐释如何做到"慎其独"的工夫。如果按照王阳明的解读，诚意就是"毋自欺"，就要"慎其独"。这样我们处世就能"如恶恶臭，如好好色"般出于自心，因而就能"自慊"，即快意自足。

13. 小人闲居(1)为不善，无所不至，见君子而后厌(yā)然(2)，揜(yǎn)(3)其不善，而著(zhù)(4)其善。人之视己，如见其肺肝然，则何益矣。此谓诚于中，形于外，故君子必慎其独也。 曾子曰："十目所视，十手所指，其严乎！"

---

[1] 问："大学说'自慊'，且说合做处便做，无牵滞於己私，且只是快底意，少间方始心下充满。孟子谓'行有不慊'，只说行有不满足，则便馁耳。"曰："固是。夜来说此极子细。若不理会得诚意意思亲切，也说不到此。"（朱熹《朱子语类》卷十六）

[2] 譬如作蒸饼，一以极白好面自里包出，内外更无少异，所谓"自慊"也；一以不好面做心，却以白面作皮，务要欺人。然外之白面虽好而易穷，内之不好者终不可揜，则乃所谓"自欺"也。（朱熹《朱子语类》卷十六）

[3] 或说慎独。曰："公自是看错了。'如恶恶臭，如好好色，此之谓自慊'，已是实理了。下面'故君子必慎其独'，是别举起一句致戒，又是一段工夫。至下段，又是反说小人之事以致戒。君子亦岂可谓全无所为！且如著衣吃饭，也是为饥寒。大学看来虽只恁地滔滔地说去，然段段致戒，如一下水船相似，也要柂，要楫。"（朱熹《朱子语类》卷十六）

[4] 问"诚意"章句所谓"必致其知，方肯慎独，方能慎独"。曰："知不到田地，心下自有一物与他相争斗，故不会肯慎独。"（朱熹《朱子语类》卷十六）光祖问："物格、知至，则意无不诚，而又有慎独之说。莫是当诚意时，自当更用工夫否？"曰："这是先穷得理，先知得到了，更须於细微处用工夫。若不真知得到，都恁地鹘鹘突突，虽十目视，十手指，众所共知之处，亦自七颠八倒了，更如何地慎独！"（朱熹《朱子语类》卷十六）致知者，诚意之本也；慎独者，诚意之助也。致知，则意已诚七八分了，只是犹恐隐微独处尚有些子未诚实处，故其要在慎独。（朱熹《朱子语类》卷十六）

（1）闲居：独处也（朱熹《大学章句集注》）。
（2）厌然：消沮闭藏之貌（朱熹《大学章句集注》），遮遮掩掩的样子。
（3）掩：通"掩"，掩盖。
（4）著：显示。

译文：

小人平日就不做善事，甚至无恶不作，看到君子便躲躲闪闪，掩饰自己所做的坏事，表现自己善的一面。但别人看你、就像能看见你的心肺肝脏一样，（这样做）有什么用呀。这就叫内心真诚必显示于外。因此，君子独处时一定要特别谨慎。曾子说："十只眼睛在看着，十只手在指着，真是严厉呀！"

解说：

这一段从反方面阐述要做到"慎其独"[1]。

"小人闲居为不善，无所不至，见君子而后厌然，掩其不善，而著其善"这句话描述小人不能做到慎独的表现，为不善之事，甚至无恶不作。但是，小人也知道什么是善的，什么是恶的，因而见了君子就掩盖恶的方面，刻意表现其好的一面。

"人之视己，如见其肺肝然"这句话阐述小人掩盖不善的方面、表现好的方面是无用的，因为君子有明德之心，能看穿小人的内心。

"此谓诚于中，形于外，故君子必慎其独也"这句话总结君子必须要内在如一，做到慎独。

朱熹认为，对"十目所视，十手所指"这句话是说，即使别人不知内心，但自己知道，因而惶恐，就像有双眼睛盯着，十双手指着一样[2]。

王阳明对这一段的解读与朱熹没有区别，"良知在人，随你如何不能泯

---

[1] 问："'毋自欺'是诚意，'自慊'是意诚否？'小人闲居'以下，是形容自欺之情状，'心广体胖'是形容自慊之意否？"曰："然。"（朱熹《朱子语类》卷十六）
[2] 不是怕人见。盖人虽不知，而我已自知，自是甚可皇恐了，其与十目十手所视所指，何以异哉？（朱熹《朱子语类》卷十六）

灭，虽盗贼亦自知不当为盗，唤他做贼，他还忸怩"（王阳明《传习录》二〇七）。

14. 富润屋(1)，德润身(2)，心广体胖（pán），故君子必诚其意。

（1）润屋：将房屋装饰漂亮。
（2）润身：修养自身。
（3）胖：安舒也（朱熹《大学章句集注》）。不胜其乐。

译文：

财富可以装饰房子，品德可以修养身心，心胸宽广身体舒泰，所以君子要做到诚意。

解说：

这一段阐发诚意（慎其独）的效验[1]。

"富润屋，德润身"这句话用类比的方式阐述诚意之德的效用——德可以修养好自身，就像财富可以装饰房子一样。

"心广体胖"是诚意的效用。心无愧怍，身体舒泰，不胜其乐[2]。朱熹认为，诚意是《大学》的枢要[3]，也是成为君子的关键。

---

[1]　"富润屋"以下，却是说意诚之验如此。（朱熹《朱子语类》卷十六）
[2]　"心广体胖"，心本是阔大底物事，只是因愧怍了，便卑狭，便被他隔碍了。只见得一边，所以体不能常舒泰。（朱熹《朱子语类》卷十六）问："尹和靖云：'心广体胖只是乐'。伊川云：'这里乐字不得'，如何？"曰："是不胜其乐。"（朱熹《朱子语类》卷十六）
[3]　居甫问："'诚意'章结句云：'此大学之枢要'。枢要说诚意，是说致知？"曰："上面关著致知、格物，下面关著四五项上。须是致知。能致其知，知之既至，方可以诚得意。到得意诚，便是过得个大关，方始照管得个身心。若意不诚，便自欺，便是小人；过得这个关，便是君子。"又云："意诚，便全然在天理上行。意未诚以前，尚汨在人欲里。"（朱熹《朱子语类》卷十六）读"诚意"一章，炎谓："过此一关，终是省事。"曰："前面事更多：自齐家以下至治国，则其事已多；自治国至平天下，则其事愈多，只是源头要从这里做去。"又曰："看下章，须通上章看，可见。"（朱熹《朱子语类》卷十六）

第八章　所谓修身

15. 所谓修身在正其心者,身⁽¹⁾有所忿懥(zhi)⁽²⁾,则不得其正;有所恐惧,则不得其正;有所好乐,则不得其正;有所忧患,则不得其正。

（1）身：程子曰,"身有之身当作心"（朱熹《大学章句集注》）。

（2）忿懥：怒也（朱熹《大学章句集注》）,怒之甚（朱熹《朱子语类》卷十六）。愤怒。"懥",愤恨。

译文：

所谓修身在正心意思是说,自身有所愤怒,心就不正;有所恐惧,心就不正;有所喜好,心就不正;有所忧虑,心就不正。

解说：

第十五段、第十六段阐发"欲修其身者先正其心"的含义。

我们将这一部分的结构图示如下。

心不正的原因、表现	所谓修身在正其心者,身有所忿懥,则不得其正;有所恐惧,则不得其正;有所好乐,则不得其正;有所忧患,则不得其正。
心不正的后果	心不在焉,视而不见,听而不闻,食而不知其味。此谓修身在正其心。

这一段阐发心不正的原因、表现。

对这段话的解读，朱熹、王阳明有以下几点不同。一、如何对待忿懥、恐惧、好乐、忧患等情绪。朱熹认为，人天生就有忿懥、恐惧、好乐、忧患等情绪。当怒则怒，当喜则喜。当怒而不怒、当喜而不喜反而是心不正的表现。只不过，不能将对这件事的愤怒转移到那件善的事情上，也不能在无事时还留在心中。因此，所谓正心就是事过之后将一切情绪都从心中去掉[1]。朱熹总结说，心不正的因素有三：没有发生的事情的期待，对已经过去的事情的留恋，对当下事情的偏见[2]。与朱熹不同，王阳明认为，对待忿懥、恐惧、好乐、忧患，不同人的正心要求也是不同的。学者无法做到心无善恶好恶，只能让其凭自己的良知去掉过度的忿懥、恐惧、好乐、忧患之心[3]，达到较为恰当的状态。因此，对学者而言，所谓良知不是戒慎恐惧，而是当心不正时，能以戒慎恐惧提

---

[1] 先之问："心有所好乐，则不得其正。"曰："心在这一事，不可又夹带那一事。若自家喜这一项事了，更有一事来，便须放了前一项，只平心就后一项理会，不可又夹带前喜之之心在这里。有件喜事，不可因怒心来，忘了所当喜处；有件怒事，不可因喜事来，便忘了怒。"（朱熹《朱子语类》卷十六）"格物者，穷事事物物之理；致知者，知事事物物之理。无所不知，知其不善之必不可为，故意诚；意既诚，则好乐自不足以动其心，故心正。"（朱熹《朱熹语言类》卷十五）问："忿懥、恐惧、忧患、好乐，皆不可有否？"曰："四者岂得皆无！但要得其正耳，如中庸所谓'喜怒哀乐发而中节''者也。"（朱熹《朱熹语言类》卷十六）正心，却不是将此心去正那心。但存得此心在这里，所谓忿懥、恐惧、好乐、忧患自来不得。（朱熹《朱熹语言类》卷十六）

[2] 其所以系於物者有三：或是事未来，而自家先有这个期待底心；或事已应去了，又却长留在胸中不能忘；或正应事之时，意有偏重，便只见那边重，这都是为物所系缚。既为物所系缚，便是有这个物事，到别事来到面前，应之便差了，这如何会得其正！圣人之心，莹然虚明，无纤毫形迹。一看事物之来，若小若大，四方八面，莫不随物随应，此心元不曾有这个物事。且如敬以事君之时，此心极其敬。（朱熹《朱子语类》卷十六）

[3] 澄在鸿胪寺仓居，忽家信至，言儿病危。澄心甚忧闷不能堪。先生曰："此时正宜用功。若此时放过，闲时讲学何用？人正要在此等时磨炼。父之爱子，自是至情。然天理亦自有个中和处，过即是私意。人于此处多认做天理当忧，则一向忧苦，不知己是有所忧患，不得其正。大抵七情所感，多只是过，少不及者。才过便非心之本体，必须调停适中始得。就如父母之丧，人子岂不欲一哭便死，方快于心？然却曰'毁不灭性'，非圣人强制之也。天理本体自有分限，不可过也。人但要识得心体，自然增减分毫不得。"（王阳明《传习录》四四）

醒[1]。圣人心无善恶，是"意之动"才造成了忿懥、恐惧、好乐、忧患等"不得其正"的心理，因而所谓的正心就是去除"忿懥、恐惧、好乐、忧患"等一切不良情绪。王阳明后期思想就是针对圣人而言的，因为心体是无善无恶的，意也是无善无恶的，知也是无善无恶的，物也是无善无恶的，（参见王阳明《传习录》三一五）所以，忿懥、恐惧、好乐、忧患等情绪都是私心的表现，都要去除。二、关于诚意与正心的关系。虽然朱熹、和王阳明都认为意是心之发，可二人对诚意与正心关系的解读并不相同。朱熹认为，诚意是心善不善的问题，正心是心偏不偏的问题。先有意诚然后才谈得上正心[2]。如果意不诚，根本谈不上正心[3]。但意诚了，心也不一定正[4]。所以意诚后，还要去掉忧患、忿懥等不正之心。王阳明则认为，诚意与正心没有本质的不同，只有深浅的区别。诚意是好善恶恶，正心就是连刻意的好善恶恶之心也当作恶去掉[5]。反过来说，

---

[1] "夫子昨以良知为照心。窃谓：良知，心之本体也；照心，人所用功，乃戒慎恐惧之心也，犹思也，而遂以戒慎恐惧为良知，何欤？"王阳明回答说："能戒慎恐惧者，是良知也。"（王阳明《传习录》一五九）

[2] 锺唐杰问："或问云：'意既诚矣，而心犹有动焉，然后可以责其不正而复乎正。'意之既诚，何为心犹有动？"曰："意虽已诚，而此心持守之不固，是以有动。到这里，犹自三分是小人，正要做工夫。且意未诚时，譬犹人之犯私罪也；意既诚而心犹动，譬犹人之犯公罪也，亦甚有间矣。"（朱熹《朱子语类》卷十八）"或问'意既诚矣，而心犹有动焉，然后可以责其不正而复乎正'，是如何？"曰："若是意未诚时，只是一个虚伪无实之人，更问甚心之正与不正！唯是意已诚实，然后方可见得忿懥、恐惧、好乐、忧患有偏重处，即便随而正之也。"（朱熹《朱子语类》卷十八）问"意既诚矣"一段。曰："不诚是虚伪无实之人，更理会甚正！正如水浑，分甚清浊。不虚伪无实，是个好人了，这里方择得正不正做事。如水清了，只是微动。故忿懥四者，已是好人底事。事至不免为气动，则不免差了。"（朱熹《朱子语类》卷十八）

[3] 意未诚，则全体是私意，更理会甚正心！然意虽诚了，又不可不正其心。意之诚不诚，直是有公私之辨，君子小人之分。意若不诚，则虽外面为善，其意实不然，如何更问他心之正不正！意既诚了，而其心或有所偏倚，则不得其正，故方可做那正心底工夫。（朱熹《朱子语类》卷十六）

[4] 诚意是无恶。忧患、忿懥之类却不是恶。但有之，则是有所动。（朱熹《朱子语类》卷十六）意不诚，是私意上错了；心不正，是公道上错了。（朱熹《朱子语类》卷十六）。

[5] 守衡问："《大学》工夫只是诚意，诚意工夫只是格物。修齐治平，只诚意尽矣。又有'正心之功，有所忿懥好乐，则不得其正'，何也"？先生曰："此要自思得之，知此则知未发之中矣。"守衡再三请。曰："为学工夫有浅深。初时若不看实用意去好善恶恶，如何能为善去恶？这着实用意便是诚意。然不知心之本体原无一物，一向着意去好善恶恶，便又多了这分意思，便不是廓然大公。《书》所谓无有作好作恶，方是本体。所以说'有所忿懥好乐，则不得其正'。正心只是诚意工夫，里面体当自家心体，常要鉴空衡平，这便是未发之中。"（王阳明《传习录》一一九）

如果诚意后还有好善恶恶，就没有真正达到诚意。

16. 心不在焉，视而不见，听而不闻，食而不知其味。此谓修身在正其心。

译文：

（心不正就）心不在焉，看就像没有看见一样，听就像没有听见一样，吃就不知道是什么滋味。这就是所谓的修身在于正心。

解说：

这一段描述心不正的后果。

心不正则心不在焉，因而会失去感知能力。朱熹认为，如果失去感知能力，就会失去本性[1]。

---

[1] 直卿云："旧尝问：'视之不见，听之不闻处，此是收拾知觉底心，收拾义理底心？'先生曰：'知觉在，义理便在，只是有深浅。'"（朱熹《朱子语类》卷十六）

第九章　所谓齐其家

17.所谓齐其家在修其身者：人之其⁽¹⁾所亲爱而辟⁽²⁾焉，之其所贱恶而辟焉，之其所畏敬而辟焉，之其所哀矜⁽³⁾而辟焉，之其所敖惰⁽⁴⁾而辟焉。故好而知其恶，恶而知其美者，天下鲜⁽⁵⁾矣！故谚（yàn）⁽⁶⁾有之曰："人莫知其子之恶，莫知其苗之硕⁽⁷⁾。"此谓身不修不可以齐其家。

（1）之其：其所向处（朱熹《朱子语类》卷十六）。"之"，犹往也（朱熹《朱子语类》卷十六），犹于也（朱熹《大学章句集注》）。对于。

（2）辟：犹偏也（朱熹《大学章句集注》）。偏向。

（3）哀矜：同情，怜惜。

（4）敖惰：敖便是惰，敖了便惰。敖了都不管它，便是惰（朱熹《大学章句集注》）。骄傲，懒惰。

（5）鲜：少。

（6）谚：俗语也（朱熹《大学章句集注》）。

（7）硕：大，肥壮。

译文：

所谓治理好家庭在于修身，就是说，人们对于他所喜爱的人会有偏爱，对于他所厌恶的人会有偏恨，对于他所敬畏的人会有偏向；对于他同情的人会有偏心；对于他所轻视的人会有偏见。因此，喜爱某人而又看到其缺点，厌恶某人而又看到其优点，天下很少人能做到这样。所以谚语说："人不知道自己孩子的毛病，不满足于自己庄稼的丰壮。"这就是说，不修养自身就不能治理好家庭。

解说：

这一段阐发齐家在于修身的含义。

对修身部分，朱熹与王阳明的理解不同。朱熹认为，正心侧重于心内，修身侧重于心外，即处理世事时存在的问题[1]。与正心的"忿懥"、"恐惧"等情绪一样，修身中的所谓"亲爱"、"贱恶"等态度也是人天生就有的，不可消除，只是不可有偏向。譬如，有"亲爱"的偏向，就会出现不知道自己孩子的毛病、不满足自己庄稼肥壮的问题[2]。而王阳明认为，心是身的主宰，是无善无恶的，心之动则是意。因此，是"意之动"造成了"自欺"、不慎独，造成心之忿懥、恐惧、好乐、忧患，进而造成亲爱、贱恶、畏敬、哀矜、敖惰的偏见。因此，只要去除意之动中所产生的恶，忿懥、恐惧、好乐、忧患、亲爱、贱恶、畏敬、哀矜、敖惰等等情绪就会减弱，乃至消除。如果彻底去除了这些情绪，并将"去除"之心也去掉，就不会有忿懥、恐惧、好乐、忧患、亲爱、贱恶、畏敬、哀矜、敖惰等等情绪，从而达到真正的心正、修身。这就是王阳明后期的思想所要达到的目标。

《大学》阐释诚意时所用的比喻是"如好好色"，阐释正心时所用的词语是"有

---

[1] 问："七章、八章颇似一意，如何？"曰："忿懥之类，心上理会；亲爱之类，事上理会。心上理会者，是见於念虑之偏；事上理会者，是见於事为之失。"（朱熹《朱子语类》卷十六）正心是就心上说，修身是就应事接物上说。那事不从心上做出来！（朱熹《朱子语类》卷十六）

[2] 亲爱、贱恶、畏敬、哀矜、敖惰各自有当然之则，只不可偏。如人饥而食，只合当食，食才过些子，便是偏；渴而饮，饮才过些子，便是偏。如爱其人之善，若爱之过，则不知其恶，便是因其所重而陷於所偏；恶恶亦然。下面说："人莫知其子之恶，莫知其苗之硕。"上面许多偏病不除，必至於此。（朱熹《朱子语类》卷十六）忿懥、恐惧、好乐、忧患皆不能无，而亲爱、畏敬、哀矜、敖惰、贱恶亦有所不可无者。但此心不为四者所动，乃得其正，而五者皆无所偏，斯足以为身之修也。（朱熹《朱子语类》卷十六）

所好乐"，阐释修身时所用的则是"所亲爱"。"好好色"、"好乐"是好，"亲爱"也是好，是更深的好，三者都是意（王阳明《传习录》卷六："心之所发便是意。"朱熹《大学章句集注》："意者，心之所发也"）。只不过，"好好色"之意出自人的本性，是诚意之意，"好乐"、"亲爱"则是不诚之意。与"好好色"相关联的有"恶恶臭"，与"好乐"相关联的有忿懥、恐惧、忧患，与"亲爱"相关联的则有贱恶、敬畏、哀矜、敖惰。"好乐"的结果是"不得其正"，"亲爱"的结果是"辟"而不正。"不得其正"则"心不在焉，视而不见，听而不闻，食而不知其味"，"辟"而不正则"莫知其子之恶，莫知其苗之硕。"去掉不正以归于正是正心，去辟以归于不辟是修身。可以看出，诚意、正心、修身实际上都在于诚意。只不过诚意侧重于心的每一次发动，而正心、修身则侧重于心的每一次发动。前者与后者是部分与整体的关系。因此，王阳明认为，诚意、正心、修身三者是一回事，只有深浅的不同。诚意是好善恶恶，正心就是连刻意的好善恶恶之心也当作恶去掉。

与王阳明不同，朱熹认为，意不诚是善恶问题。但心不正，却未必是恶[1]，因而忿懥之情、恐惧之情、好乐之情、忧患之情不能无，只要正就可以[2]。对正心、修身二者，朱熹认为它们的区别在于，正心是心上理会，修身是事上理会。心上理会就会偏与不偏，事上理会就会有得与失[3]。

从我们的分析看，既然意是心之所发，身的主宰是心，因而诚意、诚心、修身环节实际上是一回事。只是各自的侧重点不同而已，如朱熹所说，正心重在内心，修身重在外在之物，所以朱熹有时也将正心、修身混在一起[4]。

---

[1] 意有善恶之殊，意或不诚，则可以为恶。心有得失之异，心有不正，则为物所动，却未必为恶。然未有不能格物、致知而能诚意者，亦未有不能诚意而能正心者。（朱熹《朱子语类》卷十六）
[2] 心有喜怒忧乐则不得其正，非谓全欲无此，此乃情之所不能无。但发而中节，则是；发不中节，则有偏而不得其正矣。（朱熹《朱子语类》卷十六）
[3] 忿懥之类，心上理会；亲爱之类，事上理会。心上理会者，是见於念虑之偏；事上理会者，是见於事为之失。（朱熹《朱子语类》卷十六）
[4] 《大学》最是两章相接处好看，如所谓"修身在正其心"者。且如心不得其正，则"视而不见，听而不闻，食而不知其味。"若视而见，听而闻，食而知味，则心得其正矣。然於亲爱、敖惰五者有所僻焉，则身亦不可得而修矣。尝谓修身更多少事不说，却说此五者，何谓？子细看来，身之所以不修者，无不是被这四五个坏。（朱熹《朱子语类》卷十六）

第十章 所谓治国

18. 所谓治国必先齐其家者，其家不可教而能教人者，无之。故君子不出家而成教⁽¹⁾于国：孝者，所以事君也；弟（tì）⁽²⁾者，所以事长⁽³⁾也；慈者，所以使众也。

（1）成教：只是身修于家，虽未尝出，而教自成于国尔（朱熹《朱子语类》卷十六）。

（2）弟：善事父母为孝，善事兄长为弟（朱熹《论语章句》）。弟，通"悌"。

（3）长：这里指上司、上级。

译文：

所谓治国必须先治理好自己的家庭，意思是说连自家都管教不好而能管教好别人，是天下没有的事。因此，君子不出家门就可以完成教化国家之事：君主对父母的孝顺，百姓就会效法以用于侍奉君主；君主对兄长的恭敬，百姓就会效法以用于侍奉官长；君主对子女的慈爱，百姓就会效法以用于治理民众。

解说：

从这一段至第二十段阐发治国必先齐家的含义。

诚意、正心、修身的关键在于调整好自心：诚意的关键是去除自欺之心，正心的关键是如何正确对待忿懥、恐惧、好乐、忧患之心，修身的关键是如何正确对待贱恶、敬畏、哀矜、骄惰之心。齐家、治国、平天下的关键在于端正自心处理好与他人的关系。其中，齐家是处理好与自家人的关系，治国、平天下则是处理好与家庭外部人的关系。君主处理好与自家人的关系，天下人就会效法，延伸到处理与处理家庭外部人的关系上。这就是所谓的恕道。朱熹说，治国的恕是责人之恕，平天下的恕是爱人之恕[1]。

我们将这一部分的结构图示如下。

治国的关键在于齐家。	所谓治国必先齐其家者，其家不可教而能教人者，无之。故君子不出家而成教于国：孝者，所以事君也；弟者，所以事长也；慈者，所以使众也。	
阐发治国在于君主做到慈。	引用《康诰》论证君主治国在于慈。	《康诰》曰"如保赤子"。心诚求之，虽不中不远矣。未有学养子而后嫁者也！
	君主慈则一国兴，君主暴则一国乱。	一家仁，一国兴仁；一家让，一国兴让；一人贪戾，一国作乱。其机如此。此谓一言偾事，一人定国。
	从正反面证明仁慈是治国之本。	尧舜帅天下以仁，而民从之；桀纣帅天下以暴，而民从之。
慈的核心在于恕。	其所令反其所好，而民不从。是故君子有诸己而后求诸人，无诸己而后非诸人。所藏乎身不恕，而能喻诸人者，未之有也。故治国在齐其家。	
阐发治国在于君主做到孝、悌。	引用《诗经》阐述孝悌才能教化国人。	《诗》云："桃之夭夭，其叶蓁蓁；之子于归，宜其家人。"宜其家人，而后可以教国人。
	引用《诗经》说明悌才能教化国人。	《诗》云："宜兄宜弟。"宜兄宜弟，而后可以教国人。
总结：治国的关键在于君主做到孝、悌、慈。	《诗》云："其仪不忒，正是四国。"其为父子兄弟足法，而后民法之也。此谓治国在齐其家。	

这一段提出治国之道不过是治家之道的延伸。

---

[1] 李德之问："'齐家'、'治国'、'平天下'三章，看来似皆是恕之功用。"曰："如'治国'、'平天下'两章是此意。'治国'章乃责人之恕，'平天下'章乃爱人之恕。'齐家'一章，但说人之偏处。"（朱熹《朱子语类》卷十六）

第十章 所谓治国

治家的核心在于处理好自己与长辈、同辈和晚辈的关系，儒家分别用孝、悌、慈来规范，即对父母孝顺，对兄长尊重，对子女慈爱。如果君主在家中做到了孝、悌、慈，百姓自然就效法君主，以孝的方式处理好与上级的关系，以悌的方式处理好与同级之间的关系，以慈的方式处理好与下级之间。这样，整个社会就会十分和谐。社会和谐了，国家自然就能治理好，所以说，"君子不出家而成教于国"。对此，朱熹阐释道："'孝者所以事君，悌者所以事长，慈者所以使众。'此道理皆是我家里做成了，天下人看着自能如此，不是我推之于国。"（朱熹《朱子语类》卷十六）。注意，朱熹的"此道理皆是我家里做成了，天下人看着自能如此，不是我推之于国"这句话表明，三纲中使用亲民比新民更为合适。

相反，如果治理者不能将家庭关系处理好，百姓也会效法自己，于是人们相互之间矛盾重重，国家就难以治理好。所以说，"治国必先齐其家者，其家不可教而能教人者，无之。"

19.《康诰》曰"如保赤子[1]"。心诚求之，虽不中（zhòng）[2]不远矣。未有学养子而后嫁者也！一家仁，一国兴仁；一家让，一国兴让；一人[3]贪戾[4]，一国作乱。其机[5]如此。此谓一言偾（fèn）[6]事，一人定国。尧舜[7]帅[8]天下以仁，而民从之；桀（jié）纣[9]帅天下以暴，而民从之。

（1）《康诰》曰"如保赤子"：《尚书·周书·康诰》原文作"若保赤子"。这是周成王告诫康叔的话，意为保护百姓要如母亲养护婴儿一样。"赤子"，婴儿。

（2）中：达到（标准）。

（3）一人：谓君也（朱熹《大学章句集注》）。

（4）贪戾：贪婪，暴虐。

（5）机：发动所由也（朱熹《大学章句集注》），本指弩箭上的发动机关，这里引申为关键。

（5）偾：覆败也（朱熹《大学章句集注》）。败事。

（6）尧舜：即尧帝和舜帝，儒家认为二人是古代理想的国君。

（8）帅：统率，率领。

（9）桀纣：桀夏代最后一位君主，纣是商代最后一位君主。二人被认为是暴君的代表。

译文：

《尚书·康诰》说："如同保护婴儿一样对待百姓。"如果内心真诚地去了解百姓的愿望，即使没达到目标，也会相差不远。没有女子是先学会养孩子再去出嫁的！一家仁爱，一国就会兴起仁爱之风；一家礼让，一国就会兴起礼让之风；一人贪婪暴戾，一国就会兴起贪婪暴戾之风。其中的契机就是如此。这叫做一句话就会坏事，一个人就能安定国家。尧舜用仁爱统治天下，老百姓就跟着他们变得仁爱；桀纣残暴地统治天下，老百姓就跟着他们变得暴戾。

解说：

这一段阐发治国君主在于慈。

"如保赤子"这句话出自《尚书·康诰》。原文为"若有疾，惟民其毕弃咎。若保赤子，惟民其康乂"。意为：好像面对疾病一样，期望完全抛弃百姓的过错；好像保护小孩一样，期望百姓康乐安定。"保赤子"是齐家之慈，"如保赤子"是治国之慈[1]，是齐家的延伸。

所谓"心诚求之"意为像父母对待婴儿的欲望那样去了解百姓的愿望[2]。慈爱地对待婴儿，是母亲天生就能做到的，所以说"未有学养子而后嫁者也"。如果治国能做到像父母对待婴儿的欲望那样对待百姓，那么即使没有治理国家的经验，也能治理好国家。这几句话是阐发"慈者，所以使众也"的含义[3]。

如何具体地以慈"使众"呢？从正面看，君主一家仁爱，一个国家就会仁爱；

---

[1] 保赤子，慈於家也；"如保赤子"，慈於国也。保赤子是慈，"如保赤子"是使众。"（朱熹《朱子语类》卷十六）

[2] 求赤子之所欲也。于民，亦当求其有不能自达。此是推其慈幼之心以使众也。（朱熹《朱子语类》卷十六）

[3] 问："治国在齐其家"。曰："且只说动化为功，未说到推上。后章方全是说推。'如保赤子'一节，只是说'慈者所以使众'一句。保赤子，慈于家也；'如保赤子'，慈於国也。保赤子是慈，'如保赤子'是使众。"直卿云："这个慈，是人人自然有底。慈於家，便能慈於国，故言：一家仁，一国兴仁；一家让，一国兴让。"（朱熹《朱子语类》卷十八）

君主一家辞让，一个国家就会辞让，所以说，"一家仁，一国兴仁；一家让，一国兴让"。相反，君主贪婪、暴戾，一个国家就会贪婪暴戾，"一人贪戾，一国作乱"。一国的兴衰取决于君主一人，所以说，"一言偾事，一人定国"。从历史经验看，尧舜以仁慈领导天下，百姓随他变得仁慈；桀纣以残暴领导天下，百姓也随他变得残暴。

20. 其所令反其所好，而民不从。是故君子有诸己[1]而后求诸人，无诸己而后非诸人。所藏乎身不恕[2]，而能喻[3]诸人者，未之有也。故治国在齐其家。

（1）有诸己：为自己所有。
（2）恕：推己以及人，所谓恕也（朱熹《大学章句集注》）。
（3）喻：晓也（朱熹《大学章句集注》）。使人明白。

译文：

君主的命令如果与自身所喜好的相反，老百姓就不会听从。君子自身能做到的，然后才去要求别人；自身不会去做的，然后才能责备别人。自己就没有恕人之心，却教别人仁爱，那是从来没有的事。所以说，治国先要安顿好自己的家庭。

解说：

这一段阐述慈的核心是恕。

君主治国说一套做一套，老百姓就不会听从。自己能做到的，才可要求别人；自身不会做的，才能责备别人。这就是孔子所谓的恕，（《论语·卫灵公》："子贡问曰：'有一言而可以终身行之者乎？'子曰：'其恕乎！己所不欲，勿施于人。'"意为：子贡请教说："有一句话可以让人终身奉行的吗？"孔子说："大概是'恕'吧！自己所不愿要的，不要施加给别人。"）

前文所说的，君主对父母的孝顺，百姓就会效仿以用于侍奉君主；君主对兄长的恭敬，百姓就会效仿以用于侍奉官长；君主对子女的慈爱，百姓就会效仿以用于治理民众，都是恕道的体现。朱熹称这里的恕为责人之恕[1]。

从以上分析可以看出，这一段是阐发"慈所以使众"的。不过，朱熹并不这么看。刘潜夫问朱熹说，齐家这一部分涉及孝、悌、慈三各方面，但《康诰》这一段"使众"句没有涉及悌、慈。这是为什么呢？朱熹回答说，悌、慈虽然也很难做到，但一般人都做不到"如保赤子"，因而特别加以论述[2]。其实，从下文"其为父子兄弟足法而后民法之也"可以看出，下面一段就是阐发"孝者，所以事君也；弟者，所以事长也"这句话的。这一段只是阐发慈与治国的关系。

21.《诗》(1)云："桃之夭夭(2)，其叶蓁(zhēn)蓁(3)；之子(4)于归(5)，宜(6)其家人。"宜其家人，而后可以教国人。《诗》(7)云："宜兄宜弟。"宜兄宜弟，而后可以教国人。《诗》(8)云："其仪(9)不忒(tè)(10)，正是四国。"其为父子兄弟足法，而后民法之也。此谓治国在齐其家。

（1）《诗》：指《诗·周南·桃夭》篇。

（2）夭夭：少好貌（朱熹《大学章句集注》）。美丽繁华的样子。

（3）蓁蓁：美盛貌（朱熹《大学章句集注》）。桃叶茂盛的样子。

（4）之子：犹言是子，此指女子之嫁者而言也（朱熹《大学章句集注》）。这个女子。

（5）归：妇人谓嫁曰归（朱熹《大学章句集注》）。女子嫁到婆家。

---

[1] "有诸己而后求诸人，无诸己而后非诸人"，是责人之恕；絜矩与"己所不欲，勿施於人"，是爱人之恕。又曰："推己及物之谓恕。圣人则不待推，而发用於外者皆恕也。'己所不欲，勿施於人'，则就爱人上说。圣人之恕，则不专在爱人上见，如絜矩之类是也。"（朱熹《朱子语类》卷十六）李德之问："'齐家'、'治国'、'平天下'三章，看来似皆是恕之功用。"曰："如'治国'、'平天下'两章是此意。'治国'章乃责人之恕，'平天下'章乃爱人之恕。'齐家'一章，但说人之偏处。"（朱熹《朱子语类》卷十六）"穷理是寻个是处，然必以恕为本。"但恕乃求仁之方。试看穷理如何著得"恕"字？穷理盖是合下工夫，恕则在穷理之后。胡文定载显道语云："恕则穷理之要。"某理会，安顿此语不得。（朱熹《朱子语类》卷十八）

[2] 刘潜夫问："'家齐'章并言孝、弟、慈三者，而下言《康诰》，以释'使众'一句，不及孝弟，何也？"朱熹回答说："孝弟二者虽人所固有，然守而不失者亦鲜。唯有保赤子一事，罕有失之者。故圣贤於此，特发明夫人之所易晓者以示训，正与孟子言见赤子入井之意同。"（朱熹《朱子语类》卷十六）

(6) 宜：犹善也（朱熹《大学章句集注》）。与婆家人和睦相处。
(7)《诗》：指《诗经·小雅·蓼萧》篇。
(8)《诗》：指《诗经·曹风·鸤鸠》篇。
(9) 仪：仪表，仪容。
(10) 忒：差也（朱熹《大学章句集注》）。

译文：

《诗·周南·桃夭》说："桃花如此鲜艳，树叶多么茂密，送你出嫁到婆家，可要使婆家上下和睦。"使全家人上下和睦，然后才能教化国人。《诗经·小雅·蓼萧》说："兄弟和睦。"兄弟和睦了，然后才能够教化国人。《诗经·曹风·鸤鸠》说："仪容端庄无差错，各国有了模范榜样。"当一个人作为父亲、儿子、哥哥、弟弟都值得人效法时，百姓才会效法。这就是治理国家要从安顿好家庭开始的意思。

解说：

这一段阐述"孝者，所以事君也；弟者，所以事长也"的含义。

"桃之夭夭，其叶蓁蓁；之子于归，宜其家人"这句话出自《诗·周南·桃夭》，是嘱咐出嫁的女子嫁到婆家后要孝顺，使婆家上下和睦。家人和睦，才可能教化国人，"宜其家人，而后可以教国人。"

"宜兄宜弟"出自《诗经·小雅·蓼萩》。原文为"蓼彼萧斯，零露泥泥。既见君子，孔燕岂弟。宜兄宜弟，令德寿岂。"意为：艾蒿长得又高又长，落在叶子上的露珠好光亮。已经见到君子，心情快乐非常。兄弟亲爱和睦，美德万寿无疆。这句话是说要与兄弟等同辈处理好关系（悌）。只有与兄弟处理好关系，让国人仿效，才可能教化国人，所以说，"宜兄宜弟，而后可以教国人。"

"其仪不忒，正是四国"出自《诗经·曹风·鸤鸠》。原文为"鸤鸠在桑，其子在棘。淑人君子，其仪不忒。其仪不忒，正是四国"。意为：布谷鸟筑巢在桑林，小鸟嬉戏在酸枣树上。品性善良的君子，仪容端庄从不走样。仪容端庄从不走样，各国有了模范形象。这句话是对本段进行总结：治国的关键在于君主做到孝、悌、慈，在家中作为父亲、儿子、哥哥、弟弟的角色都值得人们效法，百姓才会以君主为榜样，国家才能走向安定。

第十一章　所谓平天下

22.所谓平⁽¹⁾天下在治其国者：上⁽²⁾老老⁽³⁾而民兴⁽⁴⁾孝，上长长⁽⁵⁾而民兴弟（tì）⁽⁶⁾，上恤⁽⁷⁾孤⁽⁸⁾而民不倍⁽⁹⁾，是以⁽¹⁰⁾君子有絜矩⁽¹¹⁾之道也。

（1）平：谓均平也（朱熹《朱子语类》卷十六）

（2）上：在上位者，国君。

（3）老老：所谓老吾老也（朱熹《大学章句集注》）。第一个"老"字是尊敬的意思，第二个"老"字是年老的意思。

（4）兴：谓有所感发而兴起也（朱熹《大学章句集注》）。

（5）长长：尊重长辈。第一个"长"字是尊重的意思，第二个"长"字是长辈的意思。

（6）弟：善事兄长为弟（朱熹《论语章句》），通"悌"。

（7）恤：体恤，周济。

（8）孤：幼而无父之称（朱熹《大学章句集注》）。

（9）倍：通"背"，背弃，背叛。

（10）是以：因此。

（11）絜矩：絜，度也。矩，所以为方也。（朱熹《大学章句集注》）所谓絜矩者，矩者，心也，我心之所欲，即他人之所欲也。我欲孝弟而慈，必欲他人皆如我之孝弟而慈。（朱熹《朱子语类》卷十六）絜，度也。不是真把那矩去量度，只是自家心里暗度那个长那个短。（朱熹《朱子语类》卷十六）絜，度也；矩，所以为方也。方者，如用曲尺为方者也。（朱熹《朱子语类》卷十六）。衡量的标准，引申为以己心度人心的恕道。"絜"，衡器。"度"，量器。

译文：

所谓治理国家均平天下是说：在上位的尊敬老人，百姓就会兴起孝顺之风；在上位的尊重长辈，百姓就会兴起敬长之风；在上位的体恤救济孤儿，老百姓就不会生起背弃之心。因此，君子要把握以己心度人心的絜矩之道。

解说：

从这一段至末尾阐发平天下在治其国的内涵。

如果说治国的关键在于恕道，那么平天下的关键在于絜矩之道。前者是说，如果君主处理好了家庭内部的关系，天下人就会效法，自然就能处理好家庭之外的关系。后者是说，如果君主处理好与一般人的关系，天下人就会效法，自然就能处理好一切关系，包括处理好与物的关系。絜矩也是恕，朱熹称之为爱人之恕。

我们将这一部分的结构图示如下。

平天下的关键在于有絜矩	提出平天下的关键是絜矩之道。	所谓平天下在治其国者：上老老而民兴孝，上长长而民兴弟，上恤孤而民不倍，是以君子有絜矩之道也。
	阐述絜矩之道的含义。	所恶于上，毋以使下；所恶于下，毋以事上；所恶于前，毋以先后；所恶于后，毋以从前；所恶于右，毋以交于左；所恶于左，毋以交于右：此之谓絜矩之道。
	引用《诗经》阐述絜矩之道的含义。	《诗》云："乐只君子，民之父母。"民之所好好之，民之所恶恶之，此之谓民之父母。
	引用《诗经》从正反两方面阐述絜矩之道的功用。	《诗》云："节彼南山，维石岩岩，赫赫师尹，民具尔瞻。"有国者不可以不慎，辟则为天下僇矣。
		《诗》云："殷之未丧师，克配上帝；仪监于殷，峻命不易。"道得众则得国，失众则失国。

掌握絜矩的关键在于处理好德与财的关系	掌握絜矩之道在于处理好德与财的关系。		是故君子先慎乎德。有德此有人，有人此有土，有土此有财，有财此有用。是故财聚则民散，财散则民聚。
	处理德财关系的原则：以德为本以财为末。		德者本也，财者末也。外本内末，争民施夺。是故财聚则民散，财散则民聚。是故言悖而出者，亦悖而入；货悖而入者，亦悖而出。
	以德为本	引用经典阐述治国者要以德为本。	《康诰》曰："惟命不于常！"道善则得之，不善则失之矣。《楚书》曰："楚国无以为宝，惟善以为宝。"舅犯曰："亡人无以为宝，仁亲以为宝。"《秦誓》曰："若有一个臣，断断兮无他技，其心休休焉，其如有容焉。人之有技，若己有之，人之彦圣，其心好之，不啻若自其口出，实能容之，以能保我子孙黎民，尚亦有利哉。人之有技，媢疾以恶之，人之彦圣，而违之俾不通，寔不能容，以不能保我子孙黎民，亦曰殆哉。"
		从正反两方面阐述以德为本才合乎絜矩之道。	唯仁人放流之，迸诸四夷，不与同中国。此谓唯仁人为能爱人，能恶人。见贤而不能举，举而不能先，命也；见不善而不能退，退而不能远，过也。好人之所恶，恶人之所好，是谓拂人之性，菑必逮夫身。是故君子有大道，必忠信以得之，骄泰以失之。
掌握絜矩的关键在于处理好德与财的关系	以财为末	仁者应以德聚财。	生财有大道，生之者众，食之者寡，为之者疾，用之者舒，则财恒足矣。仁者以财发身，不仁者以身发财。未有上好仁而下不好义者也，未有好义其事不终者也，未有府库财非其财者也。
		用孟献子的话阐述不同地位的人如何以絜矩之道聚财。	孟献子曰："畜马乘不察于鸡豚，伐冰之家不畜牛羊，百乘之家不畜聚敛之臣，与其有聚敛之臣，宁有盗臣。"此谓国不以利为利，以义为利也。长国家而务财用者，必自小人矣。彼为善之，小人之使为国家，菑害并至。虽有善者，亦无如之何矣！此谓国不以利为利，以义为利也。

这一段提出治国平天下的关键在于絜矩之道。

前文在阐述治国必先齐其家时所说的"孝者，所以事君也；弟者，所以事长也；慈者，所以使众也"，与这一段所说的"上老老而民兴孝，上长长而民兴弟，上恤孤而民不倍"的含义接近。区别在于，前者是从如何处理好家庭关系（孝、悌、慈）推到如何处理好家庭之外的关系，这里是从如何处理好身边的一般关系（"老老"、"长长"、"恤孤"中的"老"、"长"、"孤"不一定是指自家人，而是泛指一切老者、长者、孤儿）推到如何处理好所有的的关系[1]。因此，前者是从齐家到治国；后者是从治国到平天下。但二者与齐家一样，都以诚意、正心、修身为前提。

朱熹称从齐家到治国之恕为责人之恕，称从治国到平天下之恕为爱人之恕[2]，即絜矩。所谓絜矩就是以己心度人心的方法[3]。君主自己要明白，自己尊敬老者（"老老"），百姓就会孝顺父母（"兴孝"）；自己尊重长辈（"长长"），百姓就会尊敬长者（"兴弟"）；自己体恤救济孤儿（"恤孤"），百姓就不会生起背弃之心（"不倍"）。百姓如何做取决于君主如何做。所以朱熹说，"上下虽殊而心则一。"（朱熹《朱子语类》卷十六）。只有掌握好絜矩之道，才能均平天下[4]。

23. 所恶于上，毋以使下；所恶于下，毋以事上；所恶于前，毋以先后；所恶于后，毋以从前；所恶于右，毋以交(1)于左；所恶于左，毋以交于右：此之谓絜矩之道。

（1）交：施加。

译文：

厌恶上司对待你的行为，就不要以此对待你的下属；厌恶属下对待你的行为，

---

[1] "所恶於上"，"所恶於下"，"所恶於前"，"所恶於后"，"所恶於右"，"所恶於左"，此数句，皆是就人身切近处说。如上文老老、长长、恤孤之意。至於"毋以使下"，"毋以事上"，"毋以先后"，"毋以从前"，"毋以交於左"，"毋以交於右"，方是推以及物之事。（朱熹《朱子语类》卷十六）

[2] "有诸己而后求诸人，无诸己而后非诸人"，是责人之恕；絜矩与"己所不欲，勿施於人"，是爱人之恕。（朱熹《朱子语类》卷十六）

[3] 问"平天下在治其国"章。曰："此三句见上行下效，理之必然，又以见人心之所同。'是以君子有絜矩之道'，所以己之心度人之心，使皆得以自尽其兴起之善心。若不絜矩，则虽躬行於上，使彼有是兴起之善心，而不可得遂，亦徒然也。"又曰："因何恁地上行下效？盖人心之同然。所以絜矩之道：我要恁地，也使彼有是心者亦得恁地。全章大意，只反覆说絜矩。如专利於上，急征横敛，民不得以自养，我这里虽能兴起其善心，济甚事！若此类，皆是不能絜矩。"（朱熹《朱子语类》卷十六）

[4] 推以度物，使彼我之间各得分愿，则上下四旁均齐方正，而天下平矣。（朱熹《大学章句集注》）

就不要以此对待你的上司；厌恶前面的人对待你的行为，就不要以此去对待后面的人；厌恶后面的人对待你的行为，就不要以此去对待前面的人；厌恶右边的人对待你的行为，就不要以此对待你左边的人；厌恶左边的人对你的行为，就不要以此去对待你右边的人。这就叫做絜矩之道。

解说：

这一段阐述什么是絜矩之道[1]。

这里的上、下、前、后、左、右指自己的切身处。知道从自己的切身处推此及彼，就明白了是絜矩之道。朱熹认为，絜矩不是仁，而是求仁的功夫。在《论语》中，孔子称这种絜矩之道为恕，朱熹细分为爱人之恕。做到了"所恶於上，毋以使下；所恶於下，毋以事上"之恕，就能均平天下[2]。

24.《诗》(1)云："乐（lè）只(2)君子，民之父母。"民之所好好之，民之所恶恶之，此之谓民之父母。

（1）《诗》：《诗·小雅·南山有台》篇。

（2）只：语助辞（朱熹《大学章句集注》）。

译文：

《诗·小雅·南山有台》说："快乐的君子呀，是百姓的父母。"百姓喜欢的就喜欢，百姓厌恶的就厌恶，这就可称为百姓的父母。

---

[1] 陶安国问："絜矩之道，是广其仁之用否？"曰："此乃求仁工夫，此处正要著力。若仁者，则是举而措之，不待絜矩，而自无不平者矣。"铢曰：'仁者，则'己欲立而立人，己欲达而达人'，不待推矣。若絜矩，正恕者之事也。"先生领之。（朱熹《朱子语类》卷十六）"己欲立而立人，己欲达而达人"，是两摺说，只以己对人而言。若絜矩，上之人所以待己，己又所以待人，是三摺说，如中庸"所求乎子以事父未能也，所求乎臣以事君未能也"，一类意。（朱熹《朱子语类》卷十六）平天下，谓均平也。（朱熹《朱子语类》卷十六）

[2] 平天下，谓均平也。'所恶於上，毋以使下；所恶於下，毋以事上。（朱熹《朱子语类》卷十六）

解说：

这一段引用《诗经》阐述絜矩之道的含义。

"乐只君子，民之父母"这句诗出自《诗·小雅·南山有台》。原文为："南山有杞，北山有李。乐只君子，民之父母。乐只君子，德音不已。"意为：南山上长着杞树，北山上长着李树。快乐的君子呀，是民众的父母。快乐的君子呀，美名永远流传。《大学》引用这首诗阐述平天下在于使百姓快乐。怎么才能让百姓快乐呢？知道百姓的好恶，百姓喜欢的就喜欢，百姓厌恶的就厌恶，于是百姓就会将他看作自己的父母。知道百姓的好恶、顺随百姓的好恶就是絜矩之道的体现[1]。

25.《诗》(1)云："节(2)彼南山，维(3)石岩岩(4)，赫赫(5)师尹(6)，民具(7)尔瞻(8)。"有国者不可以不慎，辟(9)则为天下僇(10)矣。

（1）《诗》：指《诗·小雅·节南山》篇。

（2）节：截然高大貌（朱熹《大学章句集注》）。高大。

（3）维：发语词，无义。

（4）岩岩：险峻的样子。

（5）赫赫：显耀光明的样子，引申为权势显赫。

（6）师尹：周太师尹氏也（朱熹《大学章句集注》），太师是周朝三公之一。

（7）具：俱也（朱熹《大学章句集注》），通"俱"，都。

（8）尔瞻：即瞻尔，注视着你，仰望着你。

（9）辟：偏也（朱熹《大学章句集注》）。

（10）僇：与"戮"同（朱熹《大学章句集注》），杀戮。

译文：

《诗经》说："巍峨的南山，岩石耸立。显赫的尹太师啊，百姓都仰望着你。"拥有国家的人不可不谨慎，稍有偏颇就会被天下人所杀戮。

---

[1] 能絜矩而以民心为己心，则是爱民如子，而民爱之如父母矣。（朱熹《大学章句集注》）

第十一章 所谓平天下

解说：

这一段和下一段引用《诗经》从正反两方面阐述絜矩之道的功用。

这一段引用《诗经》从正反两个方面阐述絜矩之道是保有自身的根本。

"节彼南山，维石岩岩，赫赫师尹，民具尔瞻"，这几句诗出自《诗·小雅·节南山》篇。《大学》引用这几句诗是为了说明：尹太师因治国有絜矩之道，所以死后为百姓所纪念、所仰望。相反，如果在上位者没有絜矩之道而只知一己之私（"辟"），就会引来杀身之祸[1]。

26.《诗》(1)云："殷之未丧师(2)，克(3)配(4)上帝；仪(5)监(6)于殷，峻(7)命不易(8)。"道(9)得众则得国，失众则失国。

（1）《诗》：《诗·大雅·文王》篇。

（2）丧师：失去大众之心。"师"，众也（朱熹《大学章句集注》），大众。

（3）克：能。

（4）配：对也（朱熹《大学章句集注》）。相称。

（5）仪：《诗》作"宜"（朱熹《大学章句集注》）。

（6）监：视也（朱熹《大学章句集注》）。戒鉴。

（7）峻：《诗》作"骏"，大也（朱熹《大学章句集注》）。

（8）不易：言保有也（朱熹《大学章句集注》）。不变更。

（9）道：言也（朱熹《大学章句集注》）。

译文：

《诗·大雅·文王》篇说："殷商没有丧失民心时，能与天意相称。应该以殷为戒鉴，使天命保持不变。"这是说，赢得百姓就能得到国家，失去百姓就会失去国家。

---

[1] 朱熹说：言在上者人所瞻仰，不可不谨。若不能絜矩而好恶殉于一己之偏，则身弑国亡，为天下之大戮矣（朱熹《大学章句集注》）

解说：

这一段引用《诗经》从正反两个方面阐述絜矩之道是保有国家的根本。

这几句诗引自《诗·大雅·文王》，用以说明殷商初期遵守絜矩之道，因而大得民心，能与天意相称；殷商后期没有遵守絜矩之道，因所以失去了民心，也失去了国家。

27. 是故[1]君子先慎乎德[2]。有德此[3]有人[4]，有人此有土[5]，有土此有财，有财此有用。是故财聚则民散，财散则民聚。

（1）是故：因此。

（2）德：即所谓明德（朱熹《大学章句集注》）。

（3）此：乃，则。

（4）有人：谓得众（朱熹《大学章句集注》）。

（5）有土：谓得国（朱熹《大学章句集注》）。

译文：

因此，君子首先要谨慎对待的是自己的德性。有德性才会有百姓支持，有百姓支持才有土地，有土地才有钱财，有钱财才能保障一国之用。因此，财富聚则民心散，财富散则民心聚。

解说：

从这一段至末尾阐述做到絜矩的关键在于处理好德与财的关系。

这里德与财的关系就是孟子所谓义与利的关系。在孟子看来，人与人、物之间存在两种关系，一是没有利害的关系，二是有利害的关系。义属于没有利害的关系，利则属于利害关系。一般而言，财属于利。但这里的财也包括利[1]。

---

[1] "国不以利为利"。如秦发闾左之戍，也是利；堕名城，杀豪杰，销锋镝，北筑长城，皆是自要他利。利不必专指财利。所以孟子从头截断，只说仁义。说到"未有仁而遗其亲，未有义而后其君"，这里利却在里面。所以说义之所安，即利之所在。盖惟义之安，则自无不利矣。（朱熹《朱子语类》卷十六）

因此，这里德与财关系中的财是广义的，可以看作孟子所说的利。于是，德与财的关系涵盖了人与人、物的一切关系。如果以义的原则处理这种关系，就合乎絜矩之道。反之，如果以利的原则处理这种关系，就不合絜矩之道。所以，当梁惠王问孟子："老先生不远千里而来，一定是有什么对我的国家有利的高见吧？" 孟子回答："大王！何必说利呢？只有仁义而已。国君说，'怎样有利于我的国家？'大夫说，'怎样有利于我的家？'士人和老百姓说，'怎样有利于我自己？'上上下下互相争夺利益，国家就危险了！"[1]

以义对待人、财是絜矩之道的体现，这样做会得民心；以利待人、财则不合絜矩之道，这样做会失民心。所以说，有德就有人。有了人就有土，有了土就有财富。反之，贪财则民心散，民心散就没有土，没有土也就没有财。

28. 德者本也，财者末也。外本内末，争民(1)施夺(2)。是故财聚则民散，财散则民聚。是故言悖而出(3)者，亦悖而入(4)；货悖而入者，亦悖而出。

（1）争民：争斗其民（朱熹《大学章句集注》）。
（2）夺：劫夺（朱熹《大学章句集注》）。
（3）言悖而出：说出不合道之言。"悖"，逆也（朱熹《大学章句集注》）。
（4）亦悖而入：听到不合道之言。

译文：

德是根本，财是末节。忽视根本重视末节，就是与百姓争利，教百姓抢劫。因此，财物聚集起来，百姓就离散；财物分散出去，百姓就会聚集。所以说，背道之言出口，就会从百姓那里听到背道之言；货物以背道的方式获得，也会以背道方式失去。

---

[1] 孟子见梁惠王。王曰："叟！不远千里而来，亦将有以利吾国乎？"孟子对曰："王何必曰利？亦有仁义而已矣。王曰：'何以利吾国？'大夫曰：'何以利吾家？'士庶人曰：'何以利吾身？'上下交征利而国危矣。万乘之国，弑其君者，必千乘之家；千乘之国，弑其君者，必百乘之家。万取千焉，千取百焉，不为不多矣。苟为后义而先利，不夺不餍。未有仁而遗其亲者也，未有义而后其君者也。王亦曰仁义而已矣，何必曰利？"（《孟子·梁惠王》）

解说：

这一段阐述处理德财关系的原则：以德为本、以财为末。

君主以德为本，以德对待财，才会得民心，百姓自然会聚集起来。反之，君主以利为本，以利对待财，就是与百姓争利，教百姓抢劫。因此，就像背道之言出口后就会从百姓那里听到背道之言一样，君主获得的不义之财，也会因不义而失去。

29.《康诰》曰："惟命不于常！"道⁽¹⁾善则得之，不善则失之矣。《楚书》⁽²⁾曰："楚国无以为宝，惟善以为宝。"舅犯⁽³⁾曰："亡人⁽⁴⁾无以为宝，仁亲以为宝。"《秦誓》⁽⁵⁾曰："若有一个臣⁽⁶⁾，断断⁽⁷⁾兮无他技，其心休休⁽⁸⁾焉，其如有容⁽⁹⁾焉。人之有技，若己有之，人之彦⁽¹⁰⁾圣，其心好之，不啻（chì）⁽¹¹⁾若自其口出，实能容之。以能保我子孙黎民，尚⁽¹²⁾亦有利哉。人之有技，媢（mào）疾⁽¹³⁾以恶之，人之彦圣，而违⁽¹⁴⁾之俾⁽¹⁵⁾不通，寔（shí）⁽¹⁶⁾不能容，以不能保我子孙黎民，亦曰殆⁽¹⁷⁾哉。"

（1）道：言也（朱熹《大学章句集注》）。

（2）《楚书》：《楚语》（朱熹《大学章句集注》）。《国语·楚语》

（3）舅犯：晋文公舅狐偃，字子犯（朱熹《大学章句集注》）。

（4）亡人：文公时为公子，出亡在外也（朱熹《大学章句集注》），即后来的晋文公，此时逃亡在外。

（5）《秦誓》：《尚书·周书》中的一篇。

（6）一个臣：《尚书》中为"一介臣"。

（7）断断：诚一之貌（朱熹《大学章句集注》），诚实专一的样子。

（8）休休：宽宏大量的样子。

（9）有容：能够容人。

（10）彦圣：德才兼备。"彦"，美士也；"圣"，通"明"也（朱熹《大学章句集注》）。

（11）不啻：不只，不仅仅。

（12）尚：庶几也（朱熹《大学章句集注》）。

（13）媢疾：妒嫉。"媢"，忌也（朱熹《大学章句集注》）。

（14）违：拂戾也（朱熹《大学章句集注》）。违逆。

（15）俾：使。

（16）寔：确实，实在。

（17）殆：危也（朱熹《大学章句集注》）。

译文：

《尚书·康诰》说："天命不是固定不变的。"就是说，善则得天命，不善就会失天命。《楚书》说："楚国没有什么是珍宝，只以善当作珍宝。"舅犯说，"流亡之人没有什么是真宝，只把仁亲当作宝。"《尚书·秦誓》说："如果有一个大臣，诚实专一而没有别的技能，他的胸怀宽广，有容人之量。别人有技能，就如同自己拥有一样；别人德才兼备，他心里喜欢他，不只是在口头称赞，而是真心赞赏。（用这种人）能够俾护我的子孙和百姓，可以为他们造福。别人有能力，自己就妒嫉、厌恶；别人德才兼备，就阻挠他，使其陷入困境，确实不能容人，（用这种人）不能保护我的子孙和百姓，而且带来危险！"

解说：

这一段引用权威的话阐述治国者要以德为本。

引用《尚书·康诰》"惟命不于常"是为了阐述治国者要以善这种德为本：天命是变化的，只有善才能长久地得天命。

引用《楚书》"楚国无以为宝，惟善以为宝"这句话是为了阐述善这种德是国之宝，是治国之本。

引用舅犯所说的"亡人无以为宝，仁亲以为宝"这句话是为了阐述仁、亲这两种德是国之宝，是治国之本。

引用《尚书·秦誓》中的这段话是为了从正反两方面阐述诚实专一、胸怀宽广、不嫉贤妒能等这几种品德是治国之本，能够保护子孙和百姓，为他们造福。反之，为人不诚，嫉贤妒能，就不能保护子孙和百姓，还会带来危险！

30. 唯仁人放流⁽¹⁾之，迸（píng）⁽²⁾诸四夷⁽³⁾，不与同中国。此谓唯仁人为能爱人，能恶人。见贤而不能举，举而不能先⁽⁴⁾，命⁽⁵⁾也；见不善而不能退，退而不能远，过也。好人之所恶，恶人之所好，是谓拂⁽⁶⁾人之性，菑（zāi）⁽⁷⁾必逮⁽⁸⁾夫身。是故⁽⁹⁾君子⁽¹⁰⁾有大道⁽¹¹⁾，必忠信以得之，骄泰⁽¹²⁾以失之。

（1）放流：流放。

（2）迸：读为屏，古字通用。迸，犹逐也（朱熹《大学章句集注》），通"屏"，放逐。

（3）四夷：泛指外族。"夷"，指古代东方的部族。

（4）先：先是早底的意思，不能速用之意（朱熹《朱子语类》卷十六）。

（5）命：郑氏云"当作慢"。程子云，"当作怠。"未详孰是（朱熹《大学章句集注》）。

（6）拂：逆也（朱熹《大学章句集注》）。

（7）菑：古"灾"字（朱熹《大学章句集注》），通"灾"。

（8）逮：及、到。

（9）是故：因此。

（10）君子：以位言之（朱熹《大学章句集注》）。

（11）道：谓居其位而修己治人之术（朱熹《大学章句集注》）。

（12）骄泰：骄横傲慢。"泰"，骄纵；傲慢。

译文：

只有仁德的人才会将这种邪恶之人流放，驱逐到边远的四夷之地去，不让他们与国人同住。这就是说，只有仁德的人能爱人、能憎人。发现贤才而不能举荐，举荐了而不能优先使用，这是轻慢；发现不善之人而不能黜退，黜退而不能远离，这是过错。喜欢众人所厌恶的，厌恶众人所喜欢的，这叫做违逆人的本性，灾难必定落到自己身上。因此，君子有成其君子之道，一定以忠信获得，以骄奢放纵失去。

解说：

从正反两方面阐述以德为本才合乎絜矩之道。

对邪恶之人进行处罚，对贤能之人加以举荐、优先使用，对不善之人疏远，这是人们的正常心理。但这些只有仁德忠信的君子才能做到。骄奢放纵的人则喜欢众人所厌恶的，厌恶众人所喜欢的，违逆仁的本性。因此，只有仁德之人合乎絜矩之道。朱熹说："'唯仁人放流之'，是大能絜矩底人；'见贤而不能举，举而不能先'，是稍能絜矩；'好人之所恶者，是大不能絜矩'。"

31. 生财有大道，生之者众，食之者寡，为之者疾，用之者舒，则财恒足矣。仁者以财发身⁽¹⁾，不仁者以身发财⁽²⁾。未有上好仁而下不好义者也，未有好义其事不终者也，未有府库财⁽³⁾非其财者也。

（1）以财发身：不是特地散财以取名，买教人来奉己。只是不私其有，则人自归之而身自尊。只是言其散财之效如此。（朱熹《朱子语类》卷十六）"发"，犹起也（朱熹《大学章句集注》）。

（2）以身发财：不仁者只管多聚财，不管身之危亡也。（朱熹《朱子语类》卷十六）

（3）府库财：仓库里的财富。

译文：

积累财物有根本的原则。生产的人多，消费的人少；生产的人勤奋，消费的人节省，那么财富就会经常充足。仁德的人仗义疏财以积德，不仁的人不顾性命以求财。没有在上位的人好仁而在下位的人不好义的；没有好义而事情不能善终的，没有国库里的财物不属于国君的。

解说：

这一段阐释仁德者应以德聚财。

聚财的方法有两个。一、生产的多，消费的少；生产的人勤奋，消费的人节省。二、不顾性命以求财。有仁德的君主运用第一种方式聚财。这样，君主仁德，百姓就好义，因而做事就能善始善终，国库的财富就永远属于国君。这里的仁与义是对不同的角色而言的，都是至善的表现[1]。

32. 孟献子(1)曰："畜马乘（shèng）(2)不察(3)于鸡豚（tún）(4)，伐冰之家(5)不畜牛羊，百乘之家(6)不畜聚敛之臣(7)，与其有聚敛之臣，宁有盗臣。"此谓国不以利为利，以义为利也。长（zhǎng）(8)国家而务财用者，必自小人矣。彼为善(9)之，小人之使为国家，菑害并至。虽有善(10)者，亦无如之何(11)矣！此谓国不以利为利，以义为利也。

（1）孟献子：鲁之贤大夫仲孙蔑也（朱熹《大学章句集注》）。

（2）畜马乘：士初试为大夫者也（朱熹《大学章句集注》），士被任命为大夫，才开始备有车子，驾四马。"畜"，养。"乘"，四马一车为一乘。

（3）察：关注。

（4）豚：小猪，猪。

（5）伐冰之家：卿大夫以上，丧祭用冰者也（朱熹《大学章句集注》）。是卿大夫的待遇。

（6）百乘之家：有采地者也（朱熹《大学章句集注》），拥有一百辆车的人家，指有封地的诸侯王。

（7）聚敛之臣：搜刮钱财的家臣。"聚"，聚集。"敛"，征收。

（8）长：统治，治理。

（9）彼为善之：此句上下，疑有阙文误字（朱熹《大学章句集注》）。"善"，擅长。

（10）善：如而今说会底的（朱熹《朱子语类》卷十六）。擅长

（11）无如之何：没有办法。

译文：

孟献子说："养四匹马拉车的士大夫之家，不养鸡养猪；祭祀用冰的卿大

---

[1] 蜚卿问："'未有上好仁而下不好义'，如何上仁而下便义？"曰："这只是一个。在上便唤做仁，在下便唤做义，在父便谓之慈，在子便谓之孝。"（朱熹《朱子语类》卷十六

夫之家，不养牛养羊；拥有百辆兵车的诸侯之家，不养搜刮民财的家臣。与其有搜刮民财的家臣，不如有偷盗的家臣。"这是说，国家不以利为利，而要以义为利。治理国家而致力于聚敛财富，一定是从小人开始。小人擅长做这种事。让小人治理国家，天灾人祸就会一齐降临。这时即使有贤能之人，也无可奈何了。这就是说国家不应以利为利，而应以仁义为利。

解说：
这一段引用孟献子的话阐述不同地位的人应如何以絜矩之道聚财。

国君、诸侯、卿大夫都离不开财物，不同地位的人聚集财物的方法也不相同，但都应以絜矩之道聚财。对于初任大夫的士人之家就不用养鸡养猪的方法聚集财富，那是普通百姓的聚财手段。祭祀用冰的卿大夫之家不用养牛养羊来聚集财富，有采地、有百辆兵车的诸侯之家不用搜刮民财的方法来聚集财物。一旦诸侯有搜刮民财的家臣，就会造成与百姓的对立。所以说与其有搜刮民财的家臣，不如有偷盗的家臣。不同阶层的人聚集财物有不同的方法，不能为了利益而不管是否合义。这就是"不以利为利，以义为利也"的含义，也是聚财的絜矩之道。

《大学》至此阐述完毕，朱熹说，"凡传十章：前四章统论纲领指趣，后六章细论条目功夫。其第五章乃明善之要，第六章乃诚身之本，在初学尤为当务之急，读者不可以其近而忽之也。"（朱熹《大学章句集注》）

参考文献

[1] 周敦颐. 周子通书 [M]. 上海：上海古籍出版社，2020.

[2] 周敦颐. 太极图说 [M]. 扬州：广陵书社，2018.

[3] 张载. 张载集 [M]. 北京：中华书局，2012.

[4] 程颢 程颐. 二程集 [M]. 北京：中华书局，2004.

[5] 朱熹. 周易本义 [M]. 北京：中华书局，2009.

[6] 朱熹. 四书章句集注 [M]. 北京：中华书局，2018.

[7] 朱熹. 朱子语类 [M]. 北京：中华书局，2020.

[8] 朱熹. 朱子大全 [M]. 扬州：广陵书社，2018.

[9] 陆九渊. 陆九渊全集 [M]. 上海：上海古籍出版社，2022.

[10] 王阳明. 王阳明集 [M]. 北京：中华书局，2016.

[11] 王阳明. 传习录 [M]. 北京：中华书局，2021.

[12] 刘宗周. 刘宗周全集 [M]. 杭州：浙江古籍出版社，2012.

[13] 王夫之. 船山遗书 [M]. 北京：中国书店出版社，2016.

[14] 李民 王健. 尚书译注 [M]. 上海：上海古籍出版社，2016.

[15] 程俊英. 诗经 [M]. 上海：上海古籍出版社，2016.

[16] 胡叔宝. 道德经释义 [M]. 北京：新华出版社，2022.

[17] 靖林. 庄子释义 [M]. 北京：新华出版社，2022.

[18] 玄奘. 成唯识论 [M]. 北京：中国国际文学出版社，2018.

[19] 慧能. 坛经 [M]. 北京：中华书局，2018.

[20] 法藏. 华严经狮子章校释 [M]. 北京：中华书局，2004.

[21] 释延寿. 宗镜录 [M]. 西安：西北大学出版社，2015.

[22] [古希腊] 柏拉图. 巴曼尼得斯篇 [M]. 陈康. 北京：商务印书馆，1982.

[23] [古希腊] 柏拉图. 柏拉图对话集 [M]. 王太庆. 北京：商务印书馆，2019.

[24] [古希腊] 亚里士多德. 形而上学 [M]. 苗力田. 北京：中国人民大学出版社，2003.

[25] [英] 乔治·贝克莱. 人类知识原理 [M]. 关文运. 北京：商务印书馆，2010.

[26] [德] 康德. 纯粹理性批判 [M]. 邓晓芒. 北京：人民出版社，2017.

[27] [德] 黑格尔. 精神现象学 [M]. 邓晓芒. 北京：人民出版社，2017.

[28] [德] 埃德蒙德·胡塞尔. 胡塞尔文集 [M]. 倪梁康. 北京：商务印书馆，2017.

[29] [德] 埃德蒙德·胡塞尔. 逻辑研究 [M]. 倪梁康. 北京：商务印书馆，2015.

[30] [德] 埃德蒙德·胡塞尔. 现象学的观念 [M]. 倪梁康. 北京：商务印书馆，2016.

[31] [德] 埃德蒙德·胡塞尔. 第一哲学 [M]. 王炳文. 北京：商务印书馆，2017.

[32] [德] 海德格尔. 存在与时间 [M]. 译者. 陈鼓应. 北京：商务印书馆，2016.

[33] [德] 海德格尔. 林中路 [M]. 译者. 北京：商务印书馆，2015.

[34] [德] 海德格尔. 演讲与论文集 [M] 孙周兴. 北京：商务印书馆，2018.

[35] [德] 海德格尔. 宗教生活现象学 [M]. 欧东明 张振华. 北京：商务印书馆，2018.

[36] [德] 克劳斯·黑尔德. 世界现象学 [M]. 倪梁康. 上海：生活·读书·新知三联书店出版，2003.

[37] [美] 阿伦特. 极权主义的起源 [M]. 林骧华. 上海：生活·读书·新知三联书店出版，2008.

[38] [美] 罗伯特·达尔. 现代政治分析 [M]. 王沪宁. 上海：上海译文出版社，1987.

附录一　古文大学

大学之道，在明明德，在亲民，在止于至善。知止而后有定，定而后能静，静而后能安，安而后能虑，虑而后能得。物有本末，事有终始，知所先后，则近道矣。

古之欲明明德于天下者，先治其国。欲治其国者，先齐其家。欲齐其家者，先修其身。欲修其身者，先正其心。欲正其心者，先诚其意。欲诚其意者，先致其知。致知在格物。物格而后知至，知至而后意诚，意诚而后心正，心正而后身修，身修而后家齐，家齐而后国治，国治而后天下平。自天子以至于庶人，壹是皆以修身为本。其本乱而末治者，否矣。其所厚者薄，而其所薄者厚，未之有也。此谓知本，此谓知之至也。

所谓诚其意者，毋自欺也，如恶恶臭，如好好色，此之谓自谦，故君子必慎其独也。小人闲居为不善，无所不至，见君子而后厌然，揜其不善，而着其善。人之视己，如见其肺肝然，则何益矣！此谓诚于中，形于外，故君子必慎其独也。曾子曰："十目所视，十手所指，其严乎！"富润屋，德润身，心广体胖，故君子必诚其意。

诗云："瞻彼淇澳，菉竹猗猗。有斐君子，如切如磋，如琢如磨。瑟兮僴兮！

赫兮喧兮，有斐君子，终不可諠兮。"如切如磋者，道学也。如琢如磨者，自修也。瑟兮僴兮者，恂栗也。赫兮喧兮者，威仪也。有斐君子，终不可諠兮者，道盛德至善，民之不能忘也。诗云："於戏！前王不忘。"君子贤其贤而亲其亲，小人乐其乐而利其利，此以没世不忘也。

康诰曰："克明德。"太甲曰："顾諟天之明命。"帝典曰："克明峻德。"皆自明也。

汤之盘铭曰："苟日新，日日新，又日新。"康诰曰："作新民。"诗曰："周虽旧邦，其命惟新。"是故君子无所不用其极。诗云："邦畿千里，惟民所止。"诗云："缗蛮黄鸟，止于丘隅。"子曰："于止知其所止，可以人而不如鸟乎？"诗云："穆穆文王，于缉熙敬止。"为人君，止于仁。为人臣，止于敬。为人子，止于孝。为人父，止于慈。与国人交，止于信。

子曰："听讼，吾犹人也，必也，使无讼乎！"无情者不得尽其辞，大畏民志，此谓知本。

所谓修身在正其心者，身有所忿懥，则不得其正；有所恐惧，则不得其正；有所好乐，则不得其正；有所忧患，则不得其正。心不在焉，视而不见，听而不闻，食而不知其味。此谓修身在正其心。

所谓齐其家在修其身者，人之其所亲爱而辟焉，之其所贱恶而辟焉，之其所畏敬而辟焉，之其所哀矜而辟焉，之其所敖惰而辟焉。故好而知其恶，恶而知其美者，天下鲜矣。故谚有之曰："人莫知其子之恶，莫知其苗之硕。"此谓身不修不可以齐其家。

所谓治国必先齐其家者，其家不可教而能教人者，无之。故君子不出家而成教于国：孝者，所以事君也。弟者，所以事长也。慈者，所以使众也。康诰曰：

"如保赤子",心诚求之,虽不中不远矣。未有学养子而后嫁者也。一家仁,一国兴仁。一家让,一国兴让。一人贪戾,一国作乱。其机如此。此谓一言偾事,一人定国。尧、舜率天下以仁,而民从之;桀、纣率天下以暴,而民从之。其所令反其所好,而民不从。是故君子有诸己,而后求诸人;无诸己,而后非诸人。所藏乎身不恕,而能喻诸人者,未之有也。故治国在齐其家。诗云:"桃之夭夭,其叶蓁蓁;之子于归,宜其家人。"宜其家人,而后可以教国人。诗云:"宜兄宜弟。"宜兄宜弟,而后可以教国人。诗云:"其仪不忒,正是四国。"其为父子兄弟足法,而后民法之也。此谓治国在齐其家。

所谓平天下在治其国者,上老老而民兴孝;上长长而民兴弟;上恤孤而民不倍。是以君子有絜矩之道也。所恶于上,毋以使下;所恶于下,毋以事上;所恶于前,毋以先后;所恶于后,毋以从前;所恶于右,毋以交于左;所恶于左,毋以交于右。此之谓絜矩之道。《诗》云:"乐只君子,民之父母。"民之所好好之,民之所恶恶之,此之谓民之父母。《诗》云:"节彼南山,维石岩岩。赫赫师尹,民具尔瞻。"有国者不可以不慎,辟则为天下僇矣。

《诗》云:"殷之未丧师,克配上帝;仪监于殷,峻命不易。"道得众则得国,失众则失国。是故,君子先慎乎德。有德此有人,有人此有土,有土此有财,有财此有用。德者本也;财者末也。外本内末,争民施夺。是故财聚则民散,财散则民聚。是故言悖而出者,亦悖而入;货悖而入者,亦悖而出。康诰曰:"惟命不于常。"道善则得之,不善则失之矣。楚书曰:"楚国无以为宝,惟善以为宝。"舅犯曰:"亡人无以为宝,仁亲以为宝。"

《秦誓》曰:"若有一个臣,断断兮无他技;其心休休焉,其如有容焉。人之有技,若己有之;人之彦圣,其心好之,不啻若自其口出。实能容之,以能保我子孙,黎民尚亦有利哉!人之有技,媢嫉以恶之;人之彦圣,而违之俾不通。实不能容,以不能保我子孙,黎民亦曰殆哉!"唯仁人放流之,迸诸四夷,不与同中国,此谓唯仁人为能爱人,能恶人。见贤而不能举,举而不能先,命也。

见善而不能退，退而不能远，过也。好人之所恶，恶人之所好，是谓拂人之性，菑必逮夫身。是故君子有大道，必忠信以得之，骄泰以失之。

生财有大道。生之者众，食之者寡，为之者疾，用之者舒，则财恒足矣。仁者以财发身，不仁者以身发财。未有上好仁而下不好义者也；未有好义，其事不终者也；未有府库财，非其财者也。

孟献子曰："畜马乘，不察于鸡豚。伐冰之家，不畜牛羊。百乘之家，不畜聚敛之臣。与其有聚敛之臣，宁有盗臣。"此谓国不以利为利，以义为利也。长国家而务财用者，必自小人矣。彼为善之，小人之使为国家，菑害并至，虽有善者，亦无如之何矣。此谓国不以利为利，以义为利也。

附录二　大学章句集注

朱　熹

　　大学之书，古之大学所以教人之法也。盖自天降生民，则既莫不与之以仁义礼智之性矣。然其气质之禀或不能齐，是以不能皆有以知其性之所有而全之也。一有聪明睿智能尽其性者出于其闲，则天必命之以为亿兆之君师，使之治而教之，以复其性。此伏羲、神农、黄帝、尧、舜，所以继天立极，而司徒之职、典乐之官所由设也。

　　三代之隆，其法寖备，然后王宫、国都以及闾巷，莫不有学。人生八岁，则自王公以下，至于庶人之子弟，皆入小学，而教之以洒扫、应对、进退之节，礼乐、射御、书数之文；及其十有五年，则天子之元子、众子，以至公、卿、大夫、元士之适子，与凡民之俊秀，皆入大学，而教之以穷理、正心、修己、治人之道。此又学校之教、大小之节所以分也。

　　夫以学校之设，其广如此，教之之术，其次第节目之详又如此，而其所以为教，则又皆本之人君躬行心得之余，不待求之民生日用彝伦之外，是以当世之人无不学。其学焉者，无不有以知其性分之所固有，职分之所当为，而各俛焉以尽其力。此古昔盛时所以治隆于上，俗美于下，而非后世之所能及也！

及周之衰，贤圣之君不作，学校之政不修，教化陵夷，风俗颓败，时则有若孔子之圣，而不得君师之位以行其政教，于是独取先王之法，诵而传之以诏后世。若《曲礼》《少仪》《内则》《弟子职》诸篇，固小学之支流余裔，而此篇者，则因小学之成功，以著大学之明法，外有以极其规模之大，而内有以尽其节目之详者也。三千之徒，盖莫不闻其说，而曾氏之传独得其宗，于是作为传义，以发其意。及孟子没而其传泯焉，则其书虽存，而知者鲜矣！

自是以来，俗儒记诵词章之习，其功倍于小学而无用；异端虚无寂灭之教，其高过于大学而无实。其他权谋术数，一切以就功名之说，与夫百家众技之流，所以惑世诬民、充塞仁义者，又纷然杂出乎其间。使其君子不幸而不得闻大道之要，其小人不幸而不得蒙至治之泽，晦盲否塞，反复沈痼，以及五季之衰，而坏乱极矣！

天运循环，无往不复。宋德隆盛，治教休明。于是河南程氏两夫子出，而有以接乎孟氏之传。实始尊信此篇而表章之，既又为之次其简编，发其归趣，然后古者大学教人之法、圣经贤传之指，粲然复明于世。虽以熹之不敏，亦幸私淑而与有闻焉。顾其为书犹颇放失，是以忘其固陋，采而辑之，间亦窃附己意，补其阙略，以俟后之君子。极知僭踰，无所逃罪，然于国家化民成俗之意、学者修己治人之方，则未必无小补云。

淳熙己酉二月甲子，新安朱熹序。

大学章句

大，旧音泰，今读如字。

子程子曰："《大学》，孔氏之遗书，而初学入德之门也。"于今可见古人为学次第者，独赖此篇之存，而《论》《孟》次之。学者必由是而学焉，则庶乎其不差矣。

大学之道，在明明德，在亲民，在止于至善。 程子曰："亲，当作新。"大学者，大人之学也。明，明之也。明德者，人之所得乎天，而虚灵不昧，以具众理而应万事者也。但为气禀所拘，人欲所蔽，则有时而昏；然其本体之明，则有未尝息者。故学者当因其所发而遂明之，以复其初也。新者，革其旧之谓也，言既自明其明德，又当推以及人，使之亦有以去其旧染之污也。止者，必至于是而不迁之意。至善，则事理当然之极也。言明明德、新民，皆当至于至善之地而不迁。盖必其有以尽夫天理之极，而无一毫人欲之私也。此三者，大学之纲领也。**知止而后有定，定而后能静，静而后能安，安而后能虑，虑而后能得。** 后，与後同，后放此。止者，所当止之地，即至善之所在也。知之，则志有定向。静，谓心不妄动。安，谓所处而安。虑，谓处事精详。得，谓得其所止。**物有本末，事有终始，知所先后，则近道矣。** 明德为本，新民为末。知止为始，能得为终。本始所先，末终所后。此结上文两节之意。**古之欲明明德于天下者，先治其国；欲治其国者，先齐其家；欲齐其家者，先修其身；欲修其身者，先正其心；欲正其心者，先诚其意；欲诚其意者，先致其知；致知在格物。** 治，平声，后放此。明明德于天下者，使天下之人皆有以明其明德也。心者，身之所主也。诚，实也。意者，心之所发也。实其心之所发，欲其一于善而无自欺也。致，推极也。知，犹识也。推极吾之知识，欲其所知无不尽也。格，至也。物，犹事也。穷至事物之理，欲其极处无不到也。此八者，大学之条目也。**物格而后知至，知至而后意诚，意诚而后心正，心正而后身修，身修而后家齐，家齐而后国治，国治而后天下平。** 治，去声，后放此。物格者，物理之极处无不到也。知至者，吾心之所知无不尽也。知既尽，则意可得而实矣；意既实，则心可得而正矣。修身以上，明明德之事也。齐家以下，新民之事也。物格知至，则知所止矣。意诚以下，则皆得所止之序也。**自天子以至于庶人，壹是皆以修身为本。** 壹是，一切也。正心以上，皆所以修身也。齐家以下，则举此而措之耳。**其本乱而末治者否矣，其所厚者薄，而其所薄者厚，未之有也！** 本，谓身也。所厚，谓家也。此两节结上文两节之意。

上经一章，盖孔子之言，而曾子述之。凡二百五字。其传十章，则曾子之意而门人记之也。旧本颇有错简，今因程子所定，而更考经文，别为序次如左。凡千五百四十六字。凡传文，杂引经传，若无统纪，然文理接续，血脉贯通，深浅始终，至为精密。熟读详味，久当见之，今不尽释也。

康诰曰："克明德。"《康诰》，《周书》。克，能也。**《大甲》曰："顾諟天之明命。"**大，读作泰。諟，古是字。《大甲》，《商书》。顾，谓常目在之也。諟，犹此也，或曰审也。天之明命，即天之所以与我，而我之所以为德者也。常目在之，则无时不明矣。**《帝典》曰："克明峻德。"**峻，《书》作俊。《帝典》，《尧典》，《虞书》。峻，大也。**皆自明也。**结所引书，皆言自明己德之意。

右传之首章。释明明德。此通下三章至"止于信"，旧本误在"没世不忘"之下。

汤之盘铭曰："苟日新，日日新，又日新。"盘，沐浴之盘也。铭，名其器以自警之辞也。苟，诚也。汤以人之洗濯其心以去恶，如沐浴其身以去垢。故铭其盘，言诚能一日有以涤其旧染之污而自新，则当因其已新者，而日日新之，又日新之，不可略有间断也。**《康诰》曰："作新民。"**鼓之舞之之谓作，言振起其自新之民也。**《诗》曰："周虽旧邦，其命惟新。"**《诗·大雅·文王》之篇。言周国虽旧，至于文王，能新其德以及于民，而始受天命也。**是故君子无所不用其极。**自新新民，皆欲止于至善也。

右传之二章。释新民。

《诗》云："邦畿千里，惟民所止。"《诗·商颂·玄鸟》之篇。邦畿，王者之都也。止，居也，言物各有所当止之处也。**《诗》云："缗蛮黄鸟，止于丘隅。"子曰："于止，知其所止，可以人而不如鸟乎！"**缗，《诗》作绵。《诗·小雅·绵蛮》之篇。缗蛮，鸟声。丘隅，岑蔚之处。子曰以下，孔子说诗之辞。言人当知所当止之处也。《诗》云:"穆穆文王,于缉熙敬止!"**为人君,止于仁;为人臣,止于敬;为人子,止于孝;为人父,止于慈;与国人交,止于信**。于缉之于,音乌。《诗·文王》之篇。穆穆,深远之意。于,叹美辞。缉,继续也。熙,光明也。敬止,言其无不敬而安所止也。引此而言圣人之止,无非至善。五者乃其目之大者也。学者于此,究其精微之蕴,而又推类以尽其余,则于天下之事,皆有以知其所止而无疑矣。《诗》云:"瞻彼淇澳,菉竹猗猗。**有斐君子,如切如磋,如琢如磨。瑟兮僩兮,赫兮喧兮。有斐君子,终不可諠兮!**"**如切如磋者,道学也;如琢如磨者,自修也;瑟兮僩兮者,恂栗也;赫兮喧兮者,威仪也;有斐君子,终不可諠兮者,道盛德至善,民之不能忘也**。澳,于六反。菉,《诗》作绿。猗,协韵音阿。僩,下版反。喧,《诗》作咺,諠,《诗》作谖;并况晚反。恂,郑氏读作峻。《诗·卫风·淇澳》之篇。淇,水名。澳,隈也。猗猗,美盛貌。兴也。斐,文貌。切以刀锯,琢以椎凿,皆裁物使成形质也。磋以鑢锡,磨以沙石,皆治物使其滑泽也。治骨角者,既切而复磋之。治玉石者,既琢而复磨之。皆言其治之有绪,而益致其精也。瑟,严密之貌。僩,武毅之貌。赫喧,宣着盛大之貌。諠,忘也。道,言也。学,谓讲习讨论之事,自修者,省察克治之功。恂栗,战惧也。威,可畏也。仪,可象也。引诗而释之,以明明明德者之止于至善。道学自修,言其所以得之之由。恂栗、威仪,言其德容表里之盛。卒乃指其实而叹美之也。**诗云:"于戏前王不忘!"君子贤其贤而亲其亲,小人乐其乐而利其利,此以没世不忘也**。于戏,音呜呼。乐,音洛。《诗·周颂·烈文》之篇。于戏,叹辞。前王,谓文、武也。君子,谓其后贤后王。小人,谓后民也。此言前王所以新民者止于至善,能使天下后世无一物不得其所,所以既没世而人思慕之,愈久而不忘也。此两节咏叹淫泆,其味深长,当熟玩之。

右传之三章。释止于至善。此章内自引《淇澳》诗以下,旧本误在诚意章下。

子曰:"听讼,吾犹人也,必也使无讼乎!"无情者不得尽其辞。大畏民志,此谓知本。犹人,不异于人也。情,实也。引夫子之言,而言圣人能使无实之人不敢尽其虚诞之辞。盖我之明德既明,自然有以畏服民之心志,故讼不待听而自无也。观于此言，可以知本末之先后矣。

右传之四章。释本末。此章旧本误在"止于信"下。

此谓知本，程子曰："衍文也。"**此谓知之至也。**此句之上别有阙文，此特其结语耳。

右传之五章，盖释格物、致知之义，而今亡矣。此章旧本通下章，误在经文之下。闲尝窃取程子之意以补之曰："所谓致知在格物者，言欲致吾之知，在即物而穷其理也。盖人心之灵莫不有知，而天下之物莫不有理，惟于理有未穷，故其知有不尽也。是以《大学》始教，必使学者即凡天下之物，莫不因其已知之理而益穷之，以求至乎其极。至于用力之久，而一旦豁然贯通焉，则众物之表里精粗无不到，而吾心之全体大用无不明矣。此谓物格，此谓知之至也。"

所谓诚其意者：毋自欺也，如恶恶臭，如好好色，此之谓自谦，故君子必慎其独也！恶、好上字，皆去声。谦读为慊，苦劫反。诚其意者，自修之首也。毋者，禁止之辞。自欺云者，知为善以去恶，而心之所发有未实也。谦，快也，足也。独者，人所不知而己所独知之地也。言欲自修者知为善以去其恶，则当实用其力，而禁止其自欺。使其恶恶则如恶恶臭，好善则如好好色，皆务决去，而求必得之，以自快足于己，不可徒苟且以殉外而为人也。然其实与不实，盖有他人所不及知而己独知之者，故必谨之于此以审其几焉。**小人闲居为不善，无所不至，见君子而后厌然，揜其不善，而着其善。人之视己，如见其肺肝然，则何益矣。此谓诚于中，形于外，故君子必慎其独也。**闲，音闲。厌，郑氏读为黡。闲居，独处也。厌然，消沮闭藏之貌。此言小人阴为不善，而阳欲揜之，则是非不知善之当为与恶之当去也；但不能实用其力以至此耳。然欲揜其恶而卒不可揜，欲诈为善而卒不可诈，则亦何益之有哉！此君子所以重以为戒，而必谨其独也。**曾子曰："十目所视，十手所指，其严乎！"**引此以明上文之意。言虽幽独之中，而其善恶之不可揜如此。可畏之甚也。**富润屋，德润身，心广**

体胖，故君子必诚其意。胖，步丹反。胖，安舒也。言富则能润屋矣，德则能润身矣，故心无愧怍，则广大宽平，而体常舒泰，德之润身者然也。盖善之实于中而形于外者如此，故又言此以结之。

右传之六章。释诚意。经曰："欲诚其意，先致其知。"又曰："知至而后意诚。"盖心体之明有所未尽，则其所发必有不能实用其力，而苟焉以自欺者。然或已明而不谨乎此，则其所明又非己有，而无以为进德之基。故此章之指，必承上章而通考之，然后有以见其用力之始终，其序不可乱而功不可阙如此云。

所谓修身在正其心者，身有所忿懥，则不得其正；有所恐惧，则不得其正；有所好乐，则不得其正；有所忧患，则不得其正。程子曰："身有之身当作心。"忿，弗粉反。懥，敕值反。好、乐，并去声。忿懥，怒也。盖是四者，皆心之用，而人所不能无者。然一有之而不能察，则欲动情胜，而其用之所行，或不能不失其正矣。**心不在焉，视而不见，听而不闻，食而不知其味**。心有不存，则无以检其身，是以君子必察乎此而敬以直之，然后此心常存而身无不修也。**此谓修身在正其心**。

上右传之七章。释正心修身。此亦承上章以起下章。盖意诚则真无恶而实有善矣，所以能存是心以检其身。然或但知诚意，而不能密察此心之存否，则又无以直内而修身也。自此以下，并以旧文为正。

所谓齐其家在修其身者：人之其所亲爱而辟焉，之其所贱恶而辟焉，之其所畏敬而辟焉，之其所哀矜而辟焉，之其所敖惰而辟焉。故好而知其恶，恶而知其美者，天下鲜矣！ 辟，读为僻。恶而之恶、敖、好，并去声。鲜，上声。人，谓众人。之，犹于也。辟，犹偏也。五者，在人本有当然之则；然常人之情惟其所向而不加审焉，则必陷于一偏而身不修矣。**故谚有之曰："人莫知其子之恶，莫知其苗之硕。"** 谚，音彦。硕，协韵，时若反。谚，俗语也。溺爱者不明，贪得者无厌，是则偏之为害，而家之所以不齐也。**此谓身不修不可以齐其家**。

右传之八章。释修身齐家。

所谓治国必先齐其家者，其家不可教而能教人者，无之。故君子不出家而成教于国：孝者，所以事君也；弟者，所以事长也；慈者，所以使众也。弟，去声。长，上声。身修，则家可教矣；孝、弟、慈，所以修身而教于家者也；然而国之所以事君事长使众之道不外乎此。此所以家齐于上，而教成于下也。《康诰》曰："如保赤子"，心诚求之，虽不中不远矣。未有学养子而后嫁者也！中，去声。此引书而释之，又明立教之本不假强为，在识其端而推广之耳。一家仁，一国兴仁；一家让，一国兴让；一人贪戾，一国作乱；其机如此。此谓一言偾事，一人定国。偾，音奋。一人，谓君也。机，发动所由也。偾，覆败也。此言教成于国之效。尧舜帅天下以仁，而民从之；桀纣帅天下以暴，而民从之；其所令反其所好，而民不从。是故君子有诸己而后求诸人，无诸己而后非诸人。所藏乎身不恕，而能喻诸人者，未之有也。好，去声。此又承上文一人定国而言。有善于己，然后可以责人之善；无恶于己，然后可以正人之恶。皆推己以及人，所谓恕也，不如是，则所令反其所好，而民不从矣。喻，晓也。故治国在齐其家。通结上文。《诗》云："桃之夭夭，其叶蓁蓁；之子于归，宜其家人。"宜其家人，而后可以教国人。夭，平声。蓁，音臻。《诗·周南·桃夭》之篇。夭夭，少好貌。蓁蓁，美盛貌。兴也。之子，犹言是子，此指女子之嫁者而言也。妇人谓嫁曰归。宜，犹善也。《诗》云："宜兄宜弟。"宜兄宜弟，而后可以教人。诗小雅蓼萧篇。《诗》云："其仪不忒，正是四国。"其为父子兄弟足法，而后民法之也。《诗·曹风·鸤鸠》篇。忒，差也。此谓治国在齐其家。此三引《诗》，皆以咏叹上文之事，而又结之如此。其味深长，最宜潜玩。

右传之九章。释齐家治国。

所谓平天下在治其国者：上老老而民兴孝，上长长而民兴弟，上恤孤而民不倍，是以君子有絜矩之道也。长，上声。弟，去声。倍，与背同。絜，胡结反。老老，所谓老吾老也。兴，谓有所感发而兴起也。孤者，幼而无父之称。絜，度也。矩，所以为方也。言此三者，上行下效，捷于影响，所谓家齐而国治也。亦可以见人心之所同，而不可使有一夫之不获矣。是以君子必当因其所同，推以度物，使彼我之间各得分愿，则上下四旁均齐方正，而天下平矣。**所恶于上，毋以使下；所恶于下，毋以事上；所恶于前，毋以先后；所恶于后，毋以从前；所恶于右，毋以交于左；所恶于左，毋以交于右：此之谓絜矩之道。**恶、先，并去声。此覆解上文絜矩二字之义。如不欲上之无礼于我，则必以此度下之心，而亦不敢以此无礼使之。不欲下之不忠于我，则必以此度上之心，而亦不敢以此不忠事之。至于前后左右，无不皆然，则身之所处，上下、四旁、长短、广狭，彼此如一，而无不方矣。彼同有是心而兴起焉者，又岂有一夫之不获哉。所操者约，而所及者广，此平天下之要道也。故章内之意，皆自此而推之。**《诗》云："乐只君子，民之父母。"民之所好好之，民之所恶恶之，此之谓民之父母。**乐，音洛。只，音纸。好、恶，并去声，下并同。《诗·小雅·南山有台》之篇。只，语助辞。言能絜矩而以民心为己心，则是爱民如子，而民爱之如父母矣。**《诗》云："节彼南山，维石岩岩，赫赫师尹，民具尔瞻。"有国者不可以不慎，辟则为天下僇矣。**节，读为截。辟，读为僻。僇，与戮同。《诗·小雅·节南山》之篇。节，截然高大貌。师尹，周太师尹氏也。具，俱也。辟，偏也。言在上者人所瞻仰，不可不谨。若不能絜矩而好恶殉于一己之偏，则身弑国亡，为天下之大戮矣。**《诗》云："殷之未丧师，克配上帝；仪监于殷，峻命不易。"道得众则得国，失众则失国。**丧，去声。仪，《诗》作宜。峻，《诗》作骏。易，去声。《诗·文王》篇。师，众也。配，对也。配上帝，言其为天下君，而对乎上帝也。监，视也。峻，大也。不易，言难保也。道，言也。引诗而言此，以结上文两节之意。有天下者，能存此心而不失，则所以絜矩而与民同欲者，自不能已矣。**是故君子先慎乎德。有德此有人，有人此有土，有土此有财，有财此有用。**先慎乎德，承上文不可不慎而言。德，即所谓明德。有人，谓得众。有土，谓得国。有国则不患无财用矣。**德者本也，财者末也，**本上文而言。**外本内末，争民施夺。**人君以德为外，以财为内，则是争斗其民，而施之以劫夺之教也。盖财者人之所同欲，不能絜矩而欲专之，则民亦起而争夺矣。**是故财聚则民散，财散则民聚。**外本内末故财聚，争民施夺故民散，反是则有德而有人矣。**是故言悖而出者，亦悖而**

入；**货悖而入者，亦悖而出。**悖，布内反。悖，逆也。此以言之出入，明货之出入也。自先慎乎德以下至此，又因财货以明能絜矩与不能者之得失也。**《康诰》曰："惟命不于常！"道善则得之，不善则失之矣。**道，言也。因上文引《文王诗》之意而申言之，其丁宁反复之意益深切矣。**《楚书》曰："楚国无以为宝，惟善以为宝。"**《楚书》，《楚语》。言不宝金玉而宝善人也。**舅犯曰："亡人无以为宝，仁亲以为宝。"**舅犯，晋文公舅狐偃，字子犯。亡人，文公时为公子，出亡在外也。仁，爱也。事见《檀弓》。此两节又明不外本而内末之意。**《秦誓》曰："若有一个臣，断断兮无他技，其心休休焉，其如有容焉。人之有技，若己有之，人之彦圣，其心好之，不啻若自其口出，寔能容之，以能保我子孙黎民，尚亦有利哉。人之有技，媢疾以恶之，人之彦圣，而违之俾不通，寔不能容，以不能保我子孙黎民，亦曰殆哉。"**个，古贺反，《书》作介。断，丁乱反。媢，音冒。《秦誓》，《周书》。断断，诚一之貌。彦，美士也。圣，通明也。尚，庶几也。媢，忌也。违，拂戾也。殆，危也。**唯仁人放流之，迸诸四夷，不与同中国。此谓唯仁人为能爱人，能恶人。**迸，读为屏，古字通用。迸，犹逐也。言有此媢疾之人，妨贤而病国，则仁人必深恶而痛绝之。以其至公无私，故能得好恶之正如此也。**见贤而不能举，举而不能先，命也；见不善而不能退，退而不能远，过也。**命，郑氏云："当作慢。"程子云："当作怠。"未详孰是。远，去声。若此者，知所爱恶矣，而未能尽爱恶之道，盖君子而未仁者也。**好人之所恶，恶人之所好，是谓拂人之性，菑必逮夫身。**菑，古灾字。夫，音扶。拂，逆也。好善而恶恶，人之性也；至于拂人之性，则不仁之甚者也。自《秦誓》至此，又皆以申言好恶公私之极，以明上文所引《南山有台》《节南山》之意。**是故君子有大道，必忠信以得之，骄泰以失之。**君子，以位言之。道，谓居其位而修己治人之术。发己自尽为忠，循物无违谓信。骄者矜高，泰者侈肆。此因上所引《文王》《康诰》之意而言。章内三言得失，而语益加切，盖至此而天理存亡之几决矣。**生财有大道，生之者众，食之者寡，为之者疾，用之者舒，则财恒足矣。**恒，胡登反。吕氏曰："国无游民，则生者众矣；朝无幸位，则食者寡矣；不夺农时，则为之疾矣；量入为出，则用之舒矣。愚按：此因有土有财而言，以明足国之道在乎务本而节用，非必外本内末而后财可聚也。自此以至终篇,皆一意也。**仁者以财发身,不仁者以身发财**。发,犹起也。仁者散财以得民,不仁者亡身以殖货。**未有上好仁而下不好义者也,未有好义其事不终者也,未有府库财非其财者也**。上好仁以爱其下,则下好义以忠其上;所以事必有终,而府库之财无悖出之患也。**孟献子曰:"畜马乘不察于鸡豚,伐冰之家不畜牛羊,百乘之家不畜聚敛之臣,与其有聚敛之臣,宁有盗臣。"此谓国不以利为利,以义为利也**。畜,许六反。乘、敛,并去声。孟献子,鲁之贤大夫仲孙蔑也。畜马乘,士初试为大夫者也。伐冰之家,卿大夫以上,丧祭用冰者也。百乘之家,有采地者也。君子宁亡己之财,而不忍伤民之力;故宁有盗臣,而不畜聚敛之臣。此谓以下,释献子之言也。**长国家而务财用者,必自小人矣。彼为善之,小人之使为国家,菑害并至。虽有善者,亦无如之何矣!此谓国不以利为利,以义为利也**。长,上声。"彼为善之",此句上下,疑有阙文误字。自,由也,言由小人导之也。此一节,深明以利为利之害,而重言以结之,其丁宁之意切矣。

右传之十章。释治国平天下。此章之义,务在与民同好恶而不专其利,皆推广絜矩之意也。能如是,则亲贤乐利各得其所,而天下平矣。凡传十章:前四章统论纲领指趣,后六章细论条目功夫。其第五章乃明善之要,第六章乃诚身之本,在初学尤为当务之急,读者不可以其近而忽之也。

附录三 大学问

王阳明

问曰：《大学》者，昔儒以为大人之学矣。敢问大人之学何以在于明明德乎？

阳明子答曰：大人者，以天地万物为一体者也。其视天下犹一家，中国犹一人焉。若夫间形骸而分尔我者，小人矣。大人之能以天地万物为一体也，非意之也，其心之仁本若是，其与天地万物而为一也，岂惟大人，虽小人之心亦莫不然，彼顾自小之耳。是故见孺子之入井，而必有怵惕恻隐之心焉，是其仁之与孺子而为一体也。孺子犹同类者也，见鸟兽之哀鸣觳觫，而必有不忍之心，是其仁之与鸟兽而为一体也。鸟兽犹有知觉者也，见草木之摧折而必有悯恤之心焉，是其仁之与草木而为一体也。草木犹有生意者也，见瓦石之毁坏而必有顾惜之心焉，是其仁之与瓦石而为一体也。是其一体之仁也，虽小人之心亦必有之。是乃根于天命之性，而自然灵昭不昧者也，是故谓之"明德"。小人之心既已分隔隘陋矣，而其一体之仁犹能不昧若此者，是其未动于欲，而未蔽于私之时也。及其动于欲，蔽于私，而利害相攻，忿怒相激，则将戕物圮类，无所不为，其甚至有骨肉相残者，而一体之仁亡矣。是故苟无私欲之蔽，则虽小人之心，而其一体之仁犹大人也；一有私欲之蔽，则虽大人之心，而其分隔隘陋犹小人矣。故夫为大人之学者，亦惟去其私欲之蔽，以明其明德，复其天地万物一体之本然而已耳。非能于本体之外，而有所增益之也。

问曰：然则何以在"亲民"乎？

答曰：明明德者，立其天地万物一体之体也；亲民者，达其天地万物一体之用也。故明明德必在于亲民，而亲民乃所以明其明德也。是故亲吾之父，以及人之父，以及天下人之父，而后吾之仁实与吾之父、人之父与天下人之父而为一体矣。实与之为一体，而后孝之明德始明矣！亲吾之兄，以及人之兄，以及天下人之兄，而后吾之仁实与吾之兄、人之兄与天下人之兄而为一体矣。实与之为一体，而后悌之明德始明矣！君臣也，夫妇也，朋友也，以至于山川鬼神鸟兽草木也，莫不实有以亲之，以达吾一体之仁，然后吾之明德始无不明，而真能以天地万物为一体矣。夫是之谓明明德于天下，是之谓家齐国治而天下平，是之谓尽性。

问曰：然则又乌在其为"止至善"乎？

答曰：至善者，明德、亲民之极则也。天命之性，粹然至善，其灵昭不昧者，此其至善之发见，是乃明德之本体，而即所谓良知也。至善之发见，是而是焉，非而非焉，轻重厚薄，随感随应，变动不居，而亦莫不自有天然之中，是乃民彝物则之极，而不容少有议拟增损于其间也。少有拟议增损于其间，则是私意小智，而非至善之谓矣。自非慎独之至，惟精惟一者，其孰能与于此乎？后之人惟其不知至善之在吾心，而用其私智以揣摸测度于其外，以为事事物物各有定理也，是以昧其是非之则，支离决裂，人欲肆而天理亡，明德亲民之学遂大乱于天下。盖昔之人固有欲明其明德者矣，然惟不知止于至善，而骛其私心于过高，是以失之虚罔空寂，而无有乎家国天下之施，则二氏之流是矣。固有欲亲其民者矣，然惟不知止于至善，而溺其私心于卑琐，是以失之权谋智术，而无有乎仁爱恻怛之诚，则五伯功利之徒是矣。是皆不知止于至善之过也。故止至善之于明德、亲民也，犹之规矩之于方圆也，尺度之于长短也，权衡之于轻重也。故方圆而不止于规矩，爽其则矣；长短而不止于尺度，乖其剂矣；轻重而不止于权衡，失其准矣；明明德、亲民而不止于至善，亡其本矣。故止于至善以亲民，而明其明德，是之谓大人之学。

问曰:"知止而后有定,定而后能静,静而后能安,安而后能虑,虑而后能得",其说何也?

答曰:人惟不知至善之在吾心,而求之于其外,以为事事物物皆有定理也,而求至善于事事物物之中,是以支离决裂,错杂纷纭,而莫知有一定之向。今焉既知至善之在吾心,而不假于外求,则志有定向,而无支离决裂、错杂纷纭之患矣。无支离决裂、错杂纷纭之患,则心不妄动而能静矣。心不妄动而能静,则其日用之间,从容闲暇而能安矣。能安,则凡一念之发,一事之感,其为至善乎?其非至善乎?吾心之良知自有以详审精察之,而能虑矣。能虑则择之无不精,处之无不当,而至善于是乎可得矣。

问曰:物有本末,先儒以明德为本,新民为末,两物而内外相对也。事有终始,先儒以知止为始,能得为终,一事而首尾相因也。如子之说,以新民为亲民,则本末之说亦有所未然欤?

答曰:终始之说,大略是矣。即以新民为亲民,而曰明德为本,亲民为末,其说亦未尝不可,但不当分本末为两物耳。夫木之干,谓之本,木之梢,谓之末。惟其一物也,是以谓之本末。若曰两物,则既为两物矣,又何可以言本末乎?新民之意,既与亲民不同,则明德之功,自与新民为二。若知明明德以亲其民,而亲民以明其明德,则明德亲民焉可析而为两乎?先儒之说,是盖不知明德亲民之本为一事,而认以为两事,是以虽知本末之当为一物,而亦不得不分为两物也。

问曰:古之欲明明德于天下者,以至于先修其身,以吾子明德亲民之说通之,亦既可得而知矣。敢问欲修其身,以至于致知在格物,其工夫次第又何如其用力欤?

答曰:此正详言明德、亲民、止至善之功也。盖身、心、意、知、物者,是其工夫所用之条理,虽亦各有其所,而其实只是一物。格、致、诚、正、修者,是其条理所用之工夫,虽亦皆有其名,而其实只是一事。何谓身心之形体?

运用之谓也。何谓心身之灵明？主宰之谓也。何谓修身？为善而去恶之谓也。吾身自能为善而去恶乎？必其灵明主宰者欲为善而去恶，然后其形体运用者始能为善而去恶也。故欲修其身者，必在于先正其心也。然心之本体则性也，性无不善，则心之本体本无不正也。何从而用其正之之功乎？盖心之本体本无不正，自其意念发动，而后有不正。故欲正其心者，必就其意念之所发而正之，凡其发一念而善也，好之真如好好色，发一念而恶也，恶之真如恶恶臭，则意无不诚，而心可正矣。然意之所发，有善有恶，不有以明其善恶之分，亦将真妄错杂，虽欲诚之，不可得而诚矣。故欲诚其意者，必在于致知焉。致者，至也，如云丧致乎哀之致。易言"知至至之"，"知至"者，知也，"至之"者，致也。"致知"云者，非若后儒所谓充扩其知识之谓也，致吾心之良知焉耳。良知者，孟子所谓"是非之心，人皆有之"者也。是非之心，不待虑而知，不待学而能，是故谓之良知。是乃天命之性，吾心之本体，自然灵昭明觉者也。凡意念之发，吾心之良知无有不自知者。其善欤，惟吾心之良知自知之，其不善欤，亦惟吾心之良知自知之。是皆无所与于他人者也。故虽小人之为不善，既已无所不至，然其见君子，则必厌然掩其不善，而著其善者，是亦可以见其良知之有不容于自昧者也。今欲别善恶以诚其意，惟在致其良知之所知焉尔。何则？意念之发，吾心之良知既知其为善矣，使其不能诚有以好之，而复背而去之，则是以善为恶，而自昧其知善之良知矣。意念之所发，吾之良知既知其为不善矣，使其不能诚有以恶之，而复蹈而为之，则是以恶为善，而自昧其知恶之良知矣。若是，则虽曰知之，犹不知也，意其可得而诚乎？今于良知之善恶者，无不诚好而诚恶之，则不自欺其良知而意可诚也已。然欲致其良知，亦岂影响恍惚而悬空无实之谓乎？是必实有其事矣。故致知必在于格物。物者，事也，凡意之所发必有其事，意所在之事谓之物。格者，正也，正其不正以归于正之谓也。正其不正者，去恶之谓也。归于正者，为善之谓也。夫是之谓格。书言"格于上下"、"格于文祖"、"格其非心"，格物之格实兼其义也。良知所知之善，虽诚欲好之矣，苟不即其意之所在之物而实有以为之，则是物有未格，而好之之意犹为未诚也。良知所知之恶，虽诚欲恶之矣，苟不即其意之所在之物而实有以去之，则是物有未格，而恶之之意犹为未诚也。今焉于其良知所知之善者，即其意之所在物而实为之，无有乎不尽。于其良知所知之恶者，即其意之所在之物而实去之，无有乎不尽。然后物无不格，吾良知之所知者，无有亏缺障蔽，而得以极其至矣。夫然后吾心快然无复余憾而自谦矣，夫然后意之所发者，始无自欺而可以谓之诚矣。故曰："物格而后知至，知至而后意诚，意诚而后心正，心正而后身修。"盖其功夫条理虽有先后次序之可言，而其体之惟一，实无先后次序之可分。其条理功夫虽无先后次序之可分，而其用之惟精，固有纤毫不可得而缺焉者。此格致诚正之说，所以阐尧舜之正传，而为孔氏之心印也。